TRUMP

LOS LIMITES

DEL PODER

EDICIÓN REVISADA 2026

EMETERIO GUEVARA RAMOS

Trump, La muerte de la globalización

Copyright C 2017 por Emeterio Guevara Ramos

ISBN- 9781543087901
This book has been assigned a CreateSpace ISBN.

Todos los derechos reservados. Ninguna parte de este libro puede ser reproducida o trasmitida de cualquier forma o por cualquier medio, electrónico o mecánica, incluyendo fotocopia, grabación, o por cualquier sistema de almacenamiento y recuperación, sin permiso por escrito del propietario del copyright.

Las opiniones expresadas en este trabajo son exclusivas del autor y no reflejan necesariamente las opiniones del editor. La editorial se exime de cualquier responsabilidad derivada de las mismas.

Este libro fue impreso en los Estados Unidos de América

Para pedidos adicionales del libro, por favor contacte con:
Amazon; Barnes and Noble; Librerías Gandhi y El Sótano; y CreateSpace.

ÍNDICE

PREFACIO		5
CAPITULO I	ANTECEDENTES DE LA GLOBALIZACION LA GUERRA FRIA	13
CAPITULO II	EL LIBRE MERCADO	23
CAPITULO III	MERCADOS Y ESTADOS	39
CAPITULO IV	GLOBALIZACION: ELEMENTOS Y CARACTERISTICAS	79
CAPITULO V	GLOBALIZACION. CONCEPTOS	117
CAPITULO VI	GLOBALIZACION E INTERNALIZACION	121
CAPITULO VII	LA MUERTE DE LA GLOBALIZACION	206
CAPITULO VIII	CONCLUSIONES	238
BIBLIOGRAFIA		246

PREFACIO A EDICION 2026

Este libro es un análisis de la orientación, resultados, promesas, acciones y errores de alguien que, con sus acciones, ha iniciado a cambiar el mundo, tal como lo conocemos ahora: Donald Trump. El empresario ganó las elecciones del 2024 con atrevidas promesas, proclamándose el gran gestor de una política de America First, Make America Great Again, América por encima de todo, asegurando que no iba a ser el presidente del mundo, sino únicamente de Estados Unidos. El residente de la Paz, es una contradicción continua, se da con el bombardeo con misiles de una base siria, después con el bombardeo en Irán y el envío de buques de guerra a la península a la costa de Venezuela y realzan la extracción de Nicolás Maduro, después envía su flota a áreas cercanas a Ira, así, Trump se presenta como el policía del mundo, desafiando a Damasco, Rusia, Irán y Corea del norte, al querer ganar la guerra con medios que horrorizan a Occidente, desestabilizan el orden internacional y ponen en peligro la paz mundial. Tan radical es su cambio de visión como su impredecibilidad.

Hay una explicación ad hominem de que Trump no está "informado ni formado", sobre lo que ocurre en el mundo, ni cómo actuar, con lo que sus reacciones pueden obedecer a la inspiración del momento. En este sentido existen no uno sino dos Trump, siempre tan poco informados como formados: uno, aislacionista, y otro, incontenible enemigo de quien se le ocurra en ese momento desafiarlo.

Como corolario tenemos a un Trump que gobierna personalmente cómodo sobre el caos. ¿Intencionadamente para que sus colaboradores no ocupen más espacio que el que se les asigne o como consecuencia de un espíritu contradictorio? El de jefe de una tribu, de un culto, más que de presidente. Nos ocupamos también del amplio debate de la globalización y el comercio internacional y su futuro incierto debido a la agenda de Trump. Pocos sujetos de estudio son tan complicados e importantes para el entendimiento del mundo político, económico y social contemporáneo, y pocos requieren de investigaciones tan cuidadosas, sistemáticas y empíricas como estos temas de globalización, gobernanza, política y geopolítica. La idea que origina un libro puede surgir de diversas formas.

La primera idea de éste comenzó cuando durante las confrontaciones de ideas entre varios colegas en grupos de discusión, en ellos se dieron posturas alarmistas sobre el futuro del mundo y de México con el gobernó de Trump, mientras que en mi caso sostenemos que no hay que temer que Trump pueda hacerle de daño a ambos, le faltará tiempo.

El poder presidencial tiene un límite en las democracias maduras, y Estados Unidos la tiene.

Una cosa son sus propuestas y, otra muy diferente, lo que puede lograr en un entramado político que desconoce y con una arquitectura institucional que pretende reformar, pero que funciona como contrapeso a los excesos del poder ejecutivo. Es cierto que encontramos posiciones radicalmente divergentes en torno a lo que pasaría con respecto a la globalización y el comercio internacional, si Trump insiste en cerrar a Estados Unidos, con sus aranceles, a las importaciones o aplicar un impuesto de compensación en las transacciones fronterizas conduciéndolo al fomento del consumo interno y en amenazar a las empresas para que regresen y produzcan en su país.

Retomamos en este libro algunas ideas de otro anterior (Globalización ¿un futuro imposible? Bestseller en Amazon 2011), para explicar los conceptos de globalización y describir lo que sería del mundo con un retroceso en la liberalización comercial.

El cambio político y económico puede describirse a lo largo de varias escalas temporales que van desde desarrollos en momentos instantáneos hasta los de mediano y largo plazo. Trump tiene prisa por mostrarse como el gran negociador que dice ser y que lo repitió durante su campaña (terminaré las guerras de Gaza y Rusia en un día). Sus seguidores gritaban a rabiar cuando repetía la frase "los políticos en Washington hablan, pero nunca hacen algo, o hay acciones. Voy a drenar ese pantano putrefacto". En el corto plazo (un año) no podrá hacer casi nada de los cambios internos que propone porque así no funciona el sistema. En el mediano plazo se dará cuenta que no es el gran negociador que dice ser. Un gobierno no es una empresa. Es fácil negociar desde la altura del poder cuando se tiene el dinero y la capacidad de despedir a sus empleados. Pronto se dará cuenta que ni el poder judicial ni el legislativo son sus empleados a los que puede amenazar con despedir (su frase más empleada en el mundo de los negocios -you are fired). Cuando asuma la plena realidad será demasiado tarde y su mandato estará por terminar, si no se acaba con las elecciones intermedias que puede perder.

"Transferimos el poder de Washington a ustedes, el pueblo americano", dijo Donald Trump en su toma de posesión como presidente de Estados Unidos. "El establishment se protegió a sí mismo, pero no a los ciudadanos de este país", prosiguió en su discurso en las escaleras del Capitolio. A partir de ese día, el pasado 20 de enero, prometió, "todo cambia". ¿Todo cambia???!!!

Al inicio de su mandato, todos los presidentes creen eufóricos que, tras haber salido victoriosos de una pelea electoral extenuante, podrán convencer a cualquiera. Pero pronto ven que no es así. Es la realidad de la política de Washington: los presidentes raramente persuaden a la gente a hacer lo que ellos quieren hacer y raramente mueven a la opinión pública. Trump no es distinto en ese sentido.

Por otra parte, su intención de contener la globalización y sus efectos nocivos, además de disminuir el déficit comercial que enfrenta con China, México, Canadá y la Unión Europea y su ignorancia económica de cómo se entretejen ambos en una zona como Norteamérica (Canadá- México y Estados Unidos).

La palabra y el proceso, "globalización" y las consecuencias asociadas a este fenómeno indican cambio y dinamismo sobre el tiempo.

Ningún fenómeno o proceso ha cambiado tanto y tan rápidamente las naciones del mundo como la globalización vinculada a un proceso o a una serie de procesos (económicos, políticos, sociales, de producción, etc.). Trump ignora la magnitud de ellos y lo complicado y difícil de salirse de un proceso cuando su país es uno de los más beneficiados de la globalización. Estos cambios no necesariamente progresan en forma lineal y menos paralela, ni lo hacen al mismo tiempo - existen quiebres y retrocesos -ni producen los cambios de la misma manera en todos los países.

Aunque los ciudadanos no lo notan por la sensibilización al mismo, el cambio en las sociedades globalizadas ocurre a una velocidad increíble, lo que es percibido por los analistas o los visitantes, lo cual aumenta el interés por el tema. Lo notan más los perdedores de la globalización, esos ciudadanos que no adquirieron las habilidades necesarias para insertarse en los nuevos puestos de trabajo, por los efectos y aislamiento que genera en el mercado laboral.

Y lo anterior tiene sus efectos. En Estados Unidos, los hombres blancos de mediana edad y con menos educación se están muriendo a un ritmo inusitado con una tasa de mortalidad mayor que la de los hispanos o los negros de su misma edad y de su mismo nivel educativo. La mortalidad de los blancos menos educados es también mucho más alta ahora de lo que había sido hasta comienzos de este siglo. Este es un fenómeno exclusivamente estadounidense. En otros países desarrollados no sucede. Esta es una de las conclusiones de un importante estudio del Premio Nobel de Economía Angus Deaton y Anne Case, una destacada economista de la universidad de Princeton (y esposa de Deaton).Ya en 2015, estos dos economistas habían causado revuelo con un estudio que por primera vez documentaba el trágico aumento de las muertes entre los estadounidenses blancos sin estudios universitarios. Mientras que en 1999 su tasa de mortalidad era un 30% más baja que la de los negros de sus mismas características, para el año 2015 la mortalidad de los blancos era un 30% más alta que la de los afroamericanos. Estos cambios revierten décadas de progreso. ¿Qué pasó? Pues que, en este grupo, los suicidios y las muertes por sobredosis de drogas y por alcoholismo aumentaron drásticamente. El cáncer y las enfermedades cardiacas también se agudizaron, así como la obesidad. Desde el 2000, las muertes por estas causas entre los blancos no-hispanos, entre 50 y 54 años de edad, se han duplicado. Y para el 2015 morían a una tasa dos veces mayor que la de las mujeres blancas con las mismas características (y cuatro veces más que la de los hombres blancos que alcanzaron a ir a la universidad).

Una explicación común para esta tragedia es el desempleo que afectó duramente a este grupo de trabajadores, tanto a causa de la crisis como por la globalización y la automatización de la producción, que están haciendo desaparecer los puestos de trabajo de baja cualificación.

Según los dos economistas, las causas más profundas de este fenómeno tienen que ver con lo que ellos llaman "desventajas acumulativas". Estas son condiciones debilitantes y hábitos disfuncionales que este grupo humano ha ido acumulando durante toda su vida como reacción a profundas transformaciones económicas y sociales. Con frecuencia comenzó con el abandono de los estudios secundarios y la entrada temprana en el mercado de trabajo en épocas de empleos abundantes y salarios atractivos.

Pero esta "bonanza laboral" se fue extinguiendo y otros cambios en la sociedad – el papel de las mujeres, el aumento de los divorcios y la fragmentación familiar, la movilidad geográfica– dificultaron la vida a los hombres blancos, y los hicieron más vulnerables a lo que Deaton y Case describen como "muertes por desesperanza". Son hombres que no ven un futuro mejor ni para ellos ni para su familia. Mayormente viven en el oeste medio.

Esta desesperanza causa gran sufrimiento. La mitad de los hombres desempleados toma medicinas contra el dolor y dos tercios consume opioides. El abuso de estas drogas se ha convertido en una gravísima epidemia. En 2015, más estadounidenses fallecieron por sobredosis de drogas que por armas de fuego y accidentes de tránsito. ¿La abrumadora mayoría de las víctimas? Hombres blancos.

Dos preguntas finales: Primera: ¿Por qué los hombres blancos de origen hispano, poca educación formal y mala situación económica mueren menos? Porque tienen más esperanzas de lo que les depara el futuro. Ellos no están añorando una mejor situación económica que tuvieron en el pasado. Nunca la tuvieron. Para ellos el futuro solo puede ser mejor. Y para sus hijos aún más.

Segunda: ¿Cuál es la reacción política de los blancos estadounidenses, con baja educación, desempleados y con altas tasas de mortalidad? Votar por Donald Trump. Más del 60 por ciento de ellos así lo hizo.

LA GLOBALIZACION

El material sobre globalización, que tanto oda Trump, es un manifiesto en recuerdo de un gran académico (John W. Barchfield (QEPD) al amplio debate de la globalización. Pocos sujetos de estudio son tan complicados e importantes para el entendimiento del mundo contemporáneo, y pocos requieren de investigaciones tan cuidadosas, sistemáticas y empíricas como estos temas.

De esa manera publicamos en el año 2000 el libro "Globalización: antecedentes y perspectivas" cuyo tiraje de 1000 ejemplares se agotó en menos de siete meses. Las bases fundamentales de esa impresión se incorporan aquí. En ese momento Amazon anunciaba tan sólo 437 títulos relacionados con el tópico de la globalización. Nosotros deseábamos hacer algo más equilibrado en la postura y, sobre todo, más crítico, con la posibilidad de incorporar el factor cambio social, económico y cultural con el área organizacional, la globalización y la responsabilidad social de las empresas.

En esas discusiones descubrimos que el cambio puede describirse a lo largo de varias escalas temporales que van desde desarrollos en momentos instantáneos hasta los de mediano y largo plazo. La palabra y el proceso, "globalización" y las consecuencias asociadas a este fenómeno indican cambio y dinamismo sobre el tiempo. Ningún fenómeno o proceso ha cambiado tanto y tan rápidamente las naciones del mundo como la globalización vinculada a un proceso o a una serie de procesos (económicos, políticos, sociales, de producción, etc.) que no necesariamente progresan en forma lineal y menos paralela.

El cambio fundamental y basal ocurre en la figura, atribuciones y características del Estado –uno de los elementos que la globalización ha transformado, o como lo diría el Dr. Barchfield "casi lo ha desaparecido".

El Dr. Barchfield realizó aportaciones que fueron seminales en un grupo de intelectuales de América latina y España, además de San Francisco, California, su ciudad de origen, ideas que compartimos. El aspecto final que nos empujó a integrar las ideas, que en artículos y monografías exponíamos, fue un viaje que realizamos a Rusia durante el año de 2003. En los inicios de los ochenta nuestra intención de conocer Rusia se vio frustrada por diferentes razones, veinte años después se hacía realidad.

Nos impresionó en principio su cultura, aunque en Moscú nos chocó su arquitectura uniforme y gris de los edificios para oficinas o viviendas. La Plaza Roja y el Kremlin capturaron nuestra atención y nos fascinaron por la riqueza de su contenido cultural. Sin embargo, hubo un hecho que generó reacciones encontradas al entrar a centros comerciales que en nada se diferencian de los que encontramos en cualquier país occidental en contraste con las "ciudades perdidas" que a lo largo de las vías del tren empezaron a surgir con una pobreza apabullante.

Por otra parte, los jóvenes parecían no verse muy afectados por lo que significó el régimen que gobernó hasta 1991 aunque nuestros colegas si mostraban gran nostalgia por el pasado que les proporcionaron bienestar y seguridad.

Los puestos callejeros en Moscú y en San Petersburgo representaban el encuentro del pasado (una economía centralizada) con el futuro (el libre mercado). Además de mil y un artículos y antigüedades se encontraba la matrioshki, muñecas de madera que contienen otras más pequeñas en su interior representando cientos de personajes. Así como sale una y otra más de la muñeca, así surgían ideas acerca de esos contrastes que discutíamos con nuestra guía e intérprete y con profesores de la Universidad de Moscú.

En Rusia el mercado era una metáfora de aquella sociedad desarticulada y confusa, pero al mismo tiempo revitalizado, en medio de una transición que produce una divergencia enorme en cuanto a riqueza y pobreza. Maestros e investigadores en su mayoría coincidían en una postura: que económicamente estaban mejor antes de la caída del viejo régimen. El libre mercado y la globalización los habían dejado solos para competir con los jóvenes y estaban perdiendo la batalla, 250 a 500 dólares de salario al mes para profesionistas con doctorado no los llevaba a ninguna parte. Aunque pensábamos que esa cifra era irreal, ésta fue confirmada una y otra vez. Por otra parte, en Moscú no parecía ser de ninguna manera diferente a lo que ya habíamos observado en Hungría o la República Checa: la destrucción de una estructura tradicional para ser sustituida por tradiciones "occidentales" que culturalmente los lanzaba a la deriva. En ese espacio discutimos demasiadas cosas, algunas veces sin llegar a un acuerdo en la postura adoptada por cada uno, porque se afirmaba que incluso San Petersburgo con su majestuosidad imperial estaba en "decadencia".

Algunas de las bellas casas del centro de la ciudad estaban siendo reestructuradas para ser utilizadas como comercios, lo que implicaba realizar cambios sustanciales en las fachadas e interiores, lo que destruía poco a poco la unidad de la imagen arquitectónica: todo para agradar al nuevo dios, el mercado.

Resultado de esas discusiones nació el libro "Globalización, un futuro posible", donde expusimos la cara positiva de este proceso económico, político y social.

Con el paso del tiempo, en casi todos los países socialistas, el marxismo y el control del Estado dieron paso al empresariado pujante y a los gobiernos que reconocieron que (para ellos) el Estado benefactor o Estado de Bienestar había muerto, y que era muy costoso e ineficiente el mantenerlo.

En Rusia, esa transición fue la hizo surgir la inseguridad de los ciudadanos antes acostumbrados a tener la protección del Estado, inseguridad y desesperanza por el precio que debían pagar al establecerse la economía de mercado: el desempleo y la pobreza.

Los choques y crisis nacionales de América Latina en 1995 y las de los países del sudeste asiático a partir de 1997 les había dado a sus ciudadanos el primer latigazo de la globalización y el neoliberalismo descarnado (México, Chile, Brasil, Argentina, Indonesia, Malasia, Singapur, Tailandia, Corea del Sur y Japón): en promedio en los países involucrados pierden el treinta por ciento de su capacidad adquisitiva.

Para ponerlo en forma más clara; de la noche a la mañana los ciudadanos se despiertan siendo 30 por ciento más pobres por una situación que ni siquiera se derivó al interior de sus fronteras nacionales. Rusia viviría su propia crisis en el año 2001.

Y todavía estaba por venir la más grande de todas las crisis en 2008, iniciando en Estados Unidos extendiéndose rápidamente a Grecia, España, Portugal, Inglaterra e Irlanda.

Así, con el entretejer de las actividades de vinculación, pudimos descubrir la importancia de otros elementos vinculados al proceso de globalización: el cambio organizacional, las asimetrías y heterogeneidades tecnológicas y organizacionales entre las empresas grandes y pequeñas y entre los países desarrollados y aquellos en vías de desarrollo. El análisis realizado incrementó nuestro interés por desarrollar una visión más integral y sistémica de la globalización.

¿Por qué el movimiento de los países hacia el mercado? ¿Por qué la crítica exacerbada del Estado de Bienestar? Por qué tantos excluidos de los beneficios de la globalización. Estas eran preguntas que nos intrigaban y que intentábamos responder en los foros a los que acudíamos.

Conocer el paraíso de los países nórdicos completó la visión, durante el período de 2003 a 2006, visitamos Suiza, Suecia, Finlandia, Noruega, Dinamarca, donde nos impresionó Suecia con ciudades que lucen como paraísos terrenales, donde la discusión sobre los efectos negativos de la globalización pareciera no caber. ¿Cómo han podido estos países combinar el Estado de Bienestar y el libre mercado? ¿Cómo pasamos en los otros países del control de las "alturas del poder" político a dejar en manos del mercado estas decisiones?

Para muchos, la respuesta a las anteriores preguntas está en que los gobiernos se volvieron excesivamente arrogantes. El abandono de las alturas del poder económico es quizás la mayor línea divisoria entre el Estado del Siglo XX comparado con el nuevo que emerge en el siglo XXI. Tampoco hicieron mucho para incluir a los "indignados", esos seres perdedores del proceso de la globalización que en su mayoría le dieron el triunfo quien les vendió el sueño de la recuperación: Donald Trump, o a quien les prometió nuevas y mejores oportunidades: el Brexit.

En este siglo, la palabra globalización puesta en boga en la década de los noventa es la responsable de explicar todos esos cambios, los positivos y los negativos. En ella subyace la idea que los principios keynesianos han llegado a su fin y que las ideas de la llamada "Escuela de Chicago" las reemplazarán en forma absoluta y total.

El ascenso del neoliberalismo: cambio de paradigma

El neoliberalismo se ha consolidado como la doctrina dominante de gobierno según los principales analistas. El punto de inflexión de este proceso tuvo lugar en el Reino Unido en 1979, cuando Margaret Thatcher asumió el cargo de Primera Ministra. Thatcher expresó con claridad su intención de transformar la relación entre el Estado y los ciudadanos, afirmando: "No debemos esperar que el Estado aparezca disfrazado de hada buena en todos los bautizos, de locuaz acompañante en todas las etapas de la vida y de llorón anónimo en todos los funerales".

Con estas palabras, reflejaba su rechazo al modelo de "Estado-niñera", caracterizado por una protección social desde el nacimiento hasta la muerte.

La propuesta de Thatcher era sustituir ese modelo por uno que fomentara la "cultura empresarial", donde los individuos asumieran los riesgos y disfrutaran de las recompensas inherentes a la iniciativa privada. Así, se promovía el paso de una sociedad dependiente de la protección estatal a una en la que el mercado y el emprendimiento personal marcaran el rumbo de la vida económica y social.

Sus propuestas causaron furor por su viraje económico y la novedad de las propuestas, además de los resultados positivos -en el corto plazo - de su programa de privatización. Sus políticas y programas fueron acompañadas en la arena mundial por las mismas políticas aplicadas por Ronald Reagan a partir de 1981 en Estados Unidos. Y el mundo nunca volvió a ser el mismo, se convirtió entonces en un mundo neoliberal abriendo las brechas para la consolidación de la globalización.

Esas ideas derrumbaron los muros físicos, ideológicos y económicos y se propagó el paradigma de una nueva forma de hacer política y economía. Incluso el 9 de noviembre de 1989 caería el último símbolo de ellos: el muro de Berlín. Claro que otros factores contribuyeron, pero la idea de libre mercado fue la punta de lanza para acercar los Estados nacionales del mundo. Con ello se inició el ocaso de la "Estrella Roja" y del socialismo real además de la decadencia de "las barras y las estrellas" e inicia el ascenso de la "Estrella Asiática".

Sin embargo, el mejor alumno de la "nueva teología económica"; de las nuevas ideas; estaba un poco más lejos de los escenarios tradicionales. En la segunda mitad de la década de los ochenta y a principios de los años noventa se inicia un experimento radical en una región remota del Pacífico: Nueva Zelanda.

Envuelta desde tiempo atrás en un manto socialdemócrata, Nueva Zelanda era un laboratorio improbable pero importante de la liberalización económica.

Como uno de los países más ricos del mundo a comienzos del siglo XX, Nueva Zelanda había desarrollado una economía mixta clásica durante los años de la posguerra, cuyo objetivo era hacer realidad el sueño socialdemócrata de la "seguridad de la cuna a la tumba, sin incertidumbres económicas".

Nueva Zelanda pasa de una economía enormemente protegida y regulada a una liberalización exitosa, y aunque no se convirtió en el paradigma en el mundo político, su programa de cambio ciertamente tuvo un impacto significativo en el mundo de las ideas económicas. Todavía existen creyentes fieles-entre los cuales nos encontramos – de la frase que se convirtió en el lema del cambio: "No se puede tener justicia social si no se tiene una economía fuerte y desarrollada".

Muchas ideas impulsan el cambio que desplaza a los Estados y dirige las sociedades hacia los mercados. Después tendríamos la oportunidad de conocer el milagro asiático: Corea, Taiwán, Singapur, Malasia e Indonesia que nos proveyeron y nutrieron de la visión tecnológica y la pureza económica.

De las promesas cumplidas o no por parte de los mercados dependerá la credibilidad en los mismos, nuestra posición es que nunca serán lo suficientemente eficientes para proporcionar justicia social. En este trabajo tratamos de proporcionar un marco ideológicamente neutro, aunque muy crítico, para que los lectores arriben a sus propias conclusiones.

En ese repensar, debemos valorar el papel de las empresas que se desenvuelven en un entorno en el que la presión competitiva se caracteriza por la exigencia de grupos de interés acerca del respeto al medio ambiente y que las empresas sean socialmente responsables, además de los retos de la reducción del ciclo de vida del producto, los altos costos de investigación y desarrollo, el rápido cambio tecnológico y la incertidumbre estratégica asociada a la globalización, entre otros factores.

El incluir los procesos de manufactura como un medio de la fábrica global para extender sus tentáculos en todos los países del planeta, sirve en este acercamiento, fundamentalmente, para explicar la globalización desde una perspectiva que incluya (a) la producción y el intercambio económico (ámbito fundamental en esta forma de coordinación de recursos económicos, productos y servicios), (b) las características de la tecnología y el cambio organizacional, y (c) la importancia del fortalecimiento de la innovación y el trabajo conjunto en el aprovechamiento de la oportunidad productiva para ser competitivos en un mundo globalizado. Como consecuencia de ello, el medio laboral cambia y ala hacerlo cambia toda la sociedad en su conjunto.

Adicionalmente a este hecho, los tres enfoques teóricos manejan supuestos y razonamientos heterodoxos y, como se muestra en este trabajo, las diferencias en los mismos no resultan incompatibles.

Esperamos que el viaje por comprender este fenómeno resulte ilustrativo.

EMETERIO GUEVARA RAMOS

                                Primavera de 2026

PREFACIO A LA EDICIÓN DE 2017

Resumen del primer periodo de Donald Trump.

La llegada de Donald Trump a la presidencia en 2016 marcó una ruptura abrupta con la política tradicional estadounidense. Su gobierno comenzó con una mezcla de caos, improvisación, confrontación con instituciones y un intento decidido de revertir la globalización.

1. Estilo de gobierno disruptivo

El mandato de Donald Trump se caracterizó por un estilo de gobierno profundamente disruptivo. A diferencia de sus predecesores, Trump adoptó una forma de liderar marcadamente personalista, guiado principalmente por su ego, una impulsividad pronunciada y una necesidad constante de validación pública. Este enfoque se reflejó especialmente en su uso intensivo de Twitter, plataforma que convirtió en su principal herramienta de comunicación. A través de este canal, atacó de manera directa a opositores, medios de comunicación y, en ocasiones, incluso a sus propios aliados.
La administración de Trump no fue monolítica, sino que se fragmentaba en diferentes facetas o "versiones" del propio presidente:

- Trump entretenimiento: Este aspecto se centraba en generar espectáculo y titulares, manteniendo la atención mediática y pública constantemente enfocada en su figura.
- Trump ideológico: Fuertemente influido por Steve Bannon, este perfil se manifestó en posturas nacionalistas y políticas antinmigración, marcando una agenda clara de rechazo al globalismo.
- Trump republicano tradicional: Aquí, Trump actuaba bajo la presión del Partido Republicano, adaptándose en parte a la agenda tradicional del partido para mantener su apoyo político.
- Trump esencial: Esta dimensión representaba su núcleo más personal, donde la lealtad absoluta y el respaldo incondicional de su base política eran prioritarios.

2. Órdenes ejecutivas y primeros intentos de gobierno

Durante los primeros meses de su mandato, Donald Trump puso en marcha una intensa actividad legislativa a través de la firma de más de 30 decretos ejecutivos. Muchos de estos decretos tuvieron un carácter principalmente simbólico y su impacto real fue limitado. Entre las medidas más significativas se encuentra la salida de Estados Unidos del Acuerdo Transpacífico de Cooperación Económica (TPP), lo que alteró el equilibrio comercial en la región de Asia-Pacífico. Asimismo, Trump firmó el primer "travel ban", una orden destinada a bloquear la entrada de ciudadanos procedentes de siete países de mayoría musulmana; sin embargo, esta medida fue rápidamente frenada por los tribunales federales.

Otra de las promesas centrales fue la renegociación o incluso la eliminación del Tratado de Libre Comercio de América del Norte (TLCAN), lo que generó incertidumbre significativa en México y Canadá. Además, se inició un intento de desmantelamiento del Obamacare, el sistema de salud impulsado por la administración anterior, aunque este esfuerzo no tuvo éxito inmediato.

3. Caos interno y alta rotación

El gobierno de Trump estuvo marcado desde el inicio por un nivel de desorden interno sin precedentes. Uno de los episodios más destacados fue la renuncia de Michael Flynn, quien dimitió a los 20 días de haber asumido como asesor de seguridad nacional. Esta situación puso de manifiesto las profundas tensiones existentes dentro del equipo presidencial, donde se produjeron enfrentamientos continuos entre diferentes facciones, especialmente entre Steve Bannon y Jared Kushner.

Además, la administración vivió un alto grado de filtraciones, investigaciones constantes y pugnas abiertas entre las distintas agencias gubernamentales, lo que contribuyó a una sensación generalizada de inestabilidad y falta de cohesión interna.

4. Alienación internacional

En el ámbito de las relaciones exteriores, Trump logró irritar rápidamente tanto a aliados tradicionales como a potencias globales. Las tensiones con países como Alemania, México, China y con la propia OTAN se intensificaron en los primeros meses de su presidencia. La política exterior adoptó un carácter errático, ejemplificado en acciones como los ataques militares a Siria, las amenazas directas a Corea del Norte y cambios abruptos en temas de relevancia internacional.

5. Confrontación con la prensa

Otro de los rasgos distintivos de la administración Trump fue su enfrentamiento directo con los medios de comunicación. El presidente definió públicamente a la prensa como "enemigos del pueblo", lo que contribuyó a crear un clima de polarización social. Además, su gobierno fue señalado por la proliferación de mentiras y afirmaciones engañosas, exhaustivamente documentadas por medios de referencia como The Washington Post, The New York Times y Huffington Post.

6. Apuesta por el proteccionismo

La administración Trump promovió un nacionalismo económico agresivo bajo el lema "America First". Esta estrategia se tradujo en amenazas constantes de imponer aranceles a socios comerciales y en una presión significativa sobre las empresas estadounidenses para que no trasladaran su producción fuera del país. El objetivo era proteger la industria nacional y reforzar la autosuficiencia económica de Estados Unidos, aunque estas políticas generaron tensiones tanto a nivel interno como en el ámbito internacional.

7. Reacción social

La sociedad estadounidense reaccionó con fuerza ante las políticas y decisiones adoptadas por Trump. Millones de ciudadanos salieron a las calles en diversas protestas emblemáticas, como la Marcha de las Mujeres, las manifestaciones contra el veto migratorio y las movilizaciones en defensa de los derechos civiles y contra el racismo. Estos movimientos reflejaron una oposición social activa y una polarización creciente dentro del país.

Conclusión

El primer periodo de Trump en la Casa Blanca estuvo marcado por el caos político, la confrontación tanto interna como internacional y la voluntad de revertir la globalización y el orden liberal establecidos tras la Segunda Guerra Mundial. Aunque su presidencia buscó una transformación radical del sistema, la resistencia institucional, social y judicial logró limitar en gran medida el alcance de sus iniciativas.

Luces y sombras al final del mandato de Donald Trump

Logros de Donald Trump (2016–2020)

Reforma fiscal de 2017

Durante su presidencia, Donald Trump impulsó y aprobó la Tax Cuts and Jobs Act en 2017. Esta relevante reforma redujo el impuesto de sociedades del 35% al 21%, con el objetivo de estimular el crecimiento económico y atraer inversiones. Como consecuencia de estas políticas fiscales, la economía estadounidense experimentó un crecimiento del PIB del 2,9% en 2018, y la tasa de desempleo cayó hasta el 3,5% en 2019, la cifra más baja registrada en los últimos cincuenta años.

Renegociación del TLCAN: T-MEC

Trump lideró la renegociación del Tratado de Libre Comercio de América del Norte (TLCAN), que dio lugar al nuevo acuerdo conocido como T-MEC. Este tratado modernizó las reglas de comercio entre Estados Unidos, México y Canadá, poniendo énfasis en incentivar la manufactura dentro del territorio estadounidense y estableciendo nuevas regulaciones en materia laboral y automotriz.

Crecimiento económico y confianza empresarial

En los primeros años de su mandato, se percibió un aumento en la confianza empresarial, reflejado en el comportamiento positivo de los mercados financieros. La bolsa estadounidense alcanzó máximos históricos durante este periodo, consolidando la percepción de fortaleza económica.

Cambios en la Corte Suprema

En el ámbito judicial, Trump nombró a tres jueces para la Corte Suprema: Neil Gorsuch, Brett Kavanaugh y Amy Coney Barrett. Estas designaciones inclinaron al tribunal hacia una mayoría conservadora, lo que tendrá consecuencias en la jurisprudencia estadounidense a largo plazo.

Política exterior de presión.
– Salida del Acuerdo de París.
– Abandono del TPP.

- Sanciones duras contra Irán y Venezuela
- Presión sobre la OTAN para aumentar aportaciones

Restricciones migratorias y fortalecimiento de ICE

Durante la administración de Donald Trump, se implementaron políticas migratorias agresivas que incluyeron el aumento de deportaciones y el refuerzo de la patrulla fronteriza. Estas medidas se tradujeron en una intensificación de las acciones de control migratorio, con especial protagonismo de la agencia ICE (Immigration and Customs Enforcement), cuyo papel fue ampliado y fortalecido en la vigilancia y ejecución de las leyes migratorias.

Fracasos y controversias (2016–2020)

Manejo de la pandemia COVID-19

El manejo de la pandemia por parte del presidente Trump fue objeto de amplias críticas. Se le acusó de minimizar la gravedad del virus, de no coordinar adecuadamente la respuesta científica y de difundir mensajes contradictorios. Estas acciones se consideran uno de los puntos más débiles de su gestión presidencial, ya que generaron confusión y dificultades en la gestión sanitaria nacional.

Intentos fallidos de eliminar Obamacare

A pesar de realizar numerosos esfuerzos y emitir órdenes ejecutivas, Trump no logró derogar la Ley de Cuidado Asequible (Obamacare). La reforma sanitaria impulsada por la administración anterior se mantuvo vigente, evidenciando la dificultad del gobierno de Trump para modificar el sistema de salud estadounidense.

Polarización social sin precedentes

La retórica agresiva y divisiva de Trump exacerbó los conflictos raciales y culturales en Estados Unidos. Durante su mandato, se intensificaron las manifestaciones como Black Lives Matter y las protestas en contra de su gobierno, reflejando una profunda polarización social que marcó el periodo.

La "trama rusa" (Russiagate)

La administración estuvo marcada por las investigaciones sobre la supuesta colusión electoral con Rusia. Aunque no se demostró la existencia de tal colusión, las pesquisas sí revelaron irregularidades y generaron tensiones institucionales que afectaron la estabilidad política del gobierno.

Impacto internacional negativo

El retiro de Estados Unidos de tratados multilaterales bajo el mandato de Trump debilitó la posición diplomática del país y generó tensiones con aliados históricos. Estas decisiones repercutieron negativamente en la imagen internacional de Estados Unidos y en sus relaciones exteriores.

Crisis migratoria y separación de familias

La aplicación de políticas como la de "cero tolerancia" provocó la separación de miles de niños en la frontera entre Estados Unidos y México. Este hecho generó un rechazo global y puso en evidencia la dureza de las medidas migratorias adoptadas durante el gobierno de Trump.

Impeachments y legado político de Donald Trump

Dos juicios políticos históricos

Donald Trump fue el único presidente en la historia de Estados Unidos en ser sometido a juicio político en dos ocasiones, en los años 2019 y 2021. Los cargos que motivaron estos procesos fueron el abuso de poder y la incitación a la insurrección en el Capitolio. Estos hechos reflejan la excepcionalidad y la controversia de su mandato, subrayando el nivel de confrontación y polarización política existente durante su presidencia.

Conclusión general sobre la presidencia de Trump

Entre 2016 y 2020, el gobierno de Trump consiguió avances económicos y promovió cambios estructurales relevantes en áreas como los impuestos, el comercio y la integración conservadora en la Corte Suprema. Sin embargo, estos logros se vieron acompañados por un profundo deterioro institucional, una polarización social acentuada, conflictos con aliados internacionales, una gestión deficiente de la pandemia y diversos escándalos políticos. Todo ello dejó un legado divisivo, tanto en Estados Unidos como a nivel global.

Impacto de Trump en México

Presión comercial y renegociación del TLCAN

Trump convirtió el Tratado de Libre Comercio de América del Norte (TLCAN) en un blanco político, acusándolo de perjudicar los intereses estadounidenses. Esta postura generó incertidumbre económica en México, especialmente en sectores clave como la manufactura, la industria automotriz y la agricultura. Además, las amenazas arancelarias provocaron volatilidad financiera y llevaron a una renegociación del tratado, que resultó en el T-MEC. México aceptó condiciones más estrictas, incluyendo:
- Requisitos de contenido regional automotriz
- Salarios mínimos en plantas automotrices para evitar la deslocalización
- Mayor vigilancia laboral y sindical

Política migratoria y endurecimiento en la frontera

La política migratoria de Trump tuvo un impacto inmediato en México, intensificando la presión migratoria. Se produjo un incremento de redadas, deportaciones y detenciones en Estados Unidos, lo que obligó a México a endurecer sus controles migratorios para los migrantes centroamericanos, con el objetivo de evitar represalias comerciales. Además, aumentó el número de solicitudes de asilo en México debido a la política de "Remain in Mexico". Entre 2018 y 2020, se observaron efectos directos en los flujos migratorios, como el aumento de detenciones y la presión sobre México para contener la migración, especialmente durante la pandemia bajo la aplicación del Título 42.
Vulnerabilidad del peso y los mercados financieros. La retórica de Trump (amenazas de muro, aranceles, cancelación del TLCAN) generó:

* Devaluación del peso en momentos clave de la campaña y primeros meses del gobierno.
* Caída temporal en inversiones y aplazamiento de proyectos industriales.

4. Efectos políticos internos en México.

La llegada de Trump:
* Reconfiguró la agenda nacional mexicana, llevando al gobierno mexicano a un modo defensivo.
* Aceleró el debate sobre: diversificación comercial (Asia, Europa), fortalecimiento del mercado interno, nacionalismo económico mexicano.

Impacto en sectores económicos clave.

* Manufactura y automotriz: Aumento en requisitos de contenido regional y salarios mínimos en T-MEC afectó empresas automotrices instaladas en México. Obligó a reconfigurar cadenas de suministro.
* Agricultura: Amenazas arancelarias afectaron temporalmente exportaciones mexicanas de acero, aluminio y agroalimentos.
* Empleo y producción: El clima de incertidumbre afectó inversión extranjera directa en 2017–2018, especialmente en manufactura avanzada 6. Pérdida del "socio confiable" tradicional.

Por primera vez desde 1994, México enfrentó un EE. UU. que:
* dejó de considerarlo un socio estratégico,
* adoptó un tono abiertamente hostil,
* utilizó la amenaza económica como instrumento político.

Este cambio obligó a México a replantear su visión de dependencia económica.

Conclusión general: ¿Cómo afectó Trump a México?

México fue uno de los países más directamente impactados por la presidencia de Trump, tanto por su cercanía económica como por su relación migratoria y geopolítica. Sus políticas provocaron:
* Tensión comercial,
* Volatilidad económica,
* Presión migratoria sin precedentes,
* Renegociación desigual del TLCAN,
* y un cambio emocional y diplomático profundo, al pasar de socio a "problema político" en la narrativa estadounidense. A la vez, obligaron a México a diversificar estrategias, endurecer controles fronterizos y reconfigurar su inserción en Norteamérica.

Así terminó el período de Trump, hoy esta de regreso a la Casa Blanca y será más de lo mismo, pero reloaded.

PRIMAVERA DEL 2019

CAPÍTULO I

TRUMP: EL HOMBRE Y SU ADMINISTRACION

TRUMP Y SU EGO

Trump no es un político, nunca lo será, él es una figura del espectáculo y del mundo de los negocios y, en tal sentido, Bannon no es un estratega, sino un productor en jefe. Un productor que supo encontrar a la estrella de su programa, descubrir los hilos que mueven al electorado estadounidense y convertirlo en unas cuantas frases que apelan a la frustración reprimida, supo posicionarlo en un nicho que le garantizara audiencia y conseguirle el mejor espacio: el modelo no funciona, sin embargo, cuando las decisiones no son sino desplantes, cuando el actor no tiene carácter ni inteligencia, cuando los guionistas no entienden al público.

Cuando lo que no eran sino ocurrencias, fruto de la ignorancia y pasto para ignorantes, tratan de plantearse como acciones de gobierno. Cuando la soberbia se trastoca en amargura, cuando los números demuestran un fracaso que debe calar ante el espejo mientras se recuerda el punch line que lo hizo famoso y en el que —sin duda— piensan millones de norteamericanos cada mañana: youre fired.

Con esos antecedentes, Trump irrumpió como un huracán en el mundo de los negocios logrando una gran fama de negociador, lo hizo igual en la política con su discurso anti-establishment, rompiendo todos los moldes tradicionales de un político, ahora como presidente del país más poderoso del mundo sorprende a todos al disparar sus dardos (tweets) envenenados contra todos.

Pero ¿Quién es este personaje que preocupa al mundo? Sin duda es una persona diferente a lo que son los políticos tradicionales y tiene un ego del tamaño de sus sueños y de sus torres de departamentos y negocios.

Todos los presidentes de Estados Unidos trascienden la historia. Pero si Trump era famoso antes de serlo, es probable que ahora sea más famoso que cualquier otro presidente. Para algunos puede ser que ni siquiera las personas más famosas o tristemente célebres del pasado reciente o distante —por ejemplo, Barack Obama, Bill Clinton, Richard Nixon, Michael Jackson, Muhammad Ali o Adolf Hitler— dominaran los medios de manera tan homogénea en su momento cumbre como lo está haciendo Trump. Los medios lo siguen y hablan de él, para bien o para mal. Pero allí está Trump siempre presente.

Considerando la información de mediaQuant, una firma que mide "los medios obtenidos" o "publicidad no pagada", es decir, toda la cobertura que no es publicidad pagada. Para calcular el valor en dólares de los medios obtenidos, primero cuenta cada mención de una marca o personalidad en casi cada canal noticioso, desde blogs hasta Twitter, las noticias de la tarde o The New York Times. Después calcula cuánto costarían las menciones si alguien las pagara como publicidad.

En enero de 202, Trump rompió récords en mediaQuant. En un solo mes, recibió 817 millones de dólares en cobertura, la cifra más alta que cualquier persona haya obtenido en los cuatros años que mediaQuant ha analizado los medios. Durante gran parte de los últimos cuatro años, el valor mensual que Obama obtenía en los medios rondaba los 200 o 500 millones de dólares; la cifra más alta que obtuvo Hillary Clinton durante la campaña presidencial fue de 430 millones de dólares en julio.

La cobertura mediática de Donald Trump actualmente supera no solo a cualquier figura individual, sino también al conjunto de las mil personalidades más reconocidas, excluyendo a Barack Obama y al propio Trump. Entre los nombres destacados se encuentran Clinton, quien obtuvo en enero 200 millones de dólares en cobertura, Tom Brady (38 millones), Kim Kardashian (36 millones) y Vladimir Putin (30 millones). La celebridad con menor mención entre estas mil personas, la actriz Madeleine Stowe, registró 1,001 dólares. En total, estas figuras acumularon 721 millones de dólares en cobertura mediática el pasado mes. Es decir, la exposición mediática de Trump supera en aproximadamente 100 millones de dólares a la suma conjunta de estas mil personalidades. Según datos preliminares de mediaQuant, se prevé que Trump iguale o supere su récord de cobertura de enero durante el mes de febrero.

¿Cómo sabemos que se habla más de Trump que de cualquier otra persona en el pasado? Ahora hay más personas en el planeta que están más conectadas que nunca antes. Facebook calcula que cerca de 3,2 mil millones de personas tienen conexión a internet. En promedio, los seres humanos pasan cerca de ocho horas al día consumiendo medios, de acuerdo con la firma de investigación de mercado Zenith. Así que, casi por definición, las personas leerán, hablarán y observarán más que nunca antes a quien domine los medios de hoy.

La influencia de Trump en el ecosistema mediático

Desde la perspectiva de los medios de comunicación, resulta evidente que Donald Trump ha alcanzado niveles de exposición excepcionales. Tal y como señala Senatori, el volumen absoluto de menciones y la cantidad de consumo mediático que genera, junto con la proliferación de nuevos canales digitales, confirman que Trump se sitúa en una categoría aparte respecto a cualquier figura pública contemporánea. Este fenómeno no solo responde a la naturaleza inusual de su presidencia, que rompe con los esquemas tradicionales y despierta el interés de audiencias diversas, sino también a la propia dinámica de la industria mediática actual.

Por un lado, la presidencia de Trump, marcada por su estilo singular y sus constantes declaraciones polémicas, merece sin duda una amplia cobertura informativa. Su capacidad para atraer la atención, tanto por sus acciones como por sus palabras, ha convertido cada movimiento en noticia. Sin embargo, cabe plantear que el moderno ecosistema mediático, impulsado por la tecnología y la conectividad global, amplifica su presencia hasta límites que podrían considerarse excesivos.

La multiplicidad de plataformas, la viralidad de los contenidos y la rapidez con la que se difunden sus mensajes contribuyen a que Trump domine el espacio mediático más allá de lo estrictamente necesario para informar sobre su gestión.

En este sentido, la figura de Trump y su relación con los medios es un claro ejemplo de cómo la tecnología y los hábitos de consumo actuales pueden potenciar y magnificar la influencia de ciertos actores políticos, generando una cobertura que, en ocasiones, trasciende la relevancia objetiva de los hechos y se convierte en un fenómeno mediático en sí mismo.

De ese Donald Trump se habla, el hombre que nunca ha ocultado su admiración por sí mismo, el que la ha cultivado a lo largo del tiempo y cada vez que tiene oportunidad lo hace patente, con frases como "soy lo mejor que Dios le ha dado a Estados Unidos para gobernar". Se ve a sí mismo alto, atractivo, agresivo, inteligente, negociador, simpático, triunfador. No es solo que se reconozca como un excelente hacedor de acuerdos o un promotor inmobiliario de fulgurante éxito, sino que al hablar de su figura rompe cualquier recato. "No es fanfarronería cuando digo que soy un ganador. Tengo experiencia en ganar. Es lo que se llama liderazgo. Eso quiere decir que la gente me sigue y se inspira con lo que hago. ¿Cómo lo sé? Porque he sido un líder toda mi vida", expresa en "América lisiada", el libro que contiene las bases de su programa electoral.

Muchos creyeron que esta egolatría se reduciría al entrar en la Casa Blanca. La formalidad del cargo, la tradicional búsqueda de una imagen presidencial más allá del bien y del mal atempera habitualmente a los elegidos para la gloria. Pero no a Trump, no al salvador de las clases marginadas por la globalización, no al salvador de empleos en el "rust belt" norteamericano, no al salvador de Estados Unidos. Él ha demostrado que nada del pasado le sirve, la administración pública es un caos, el sistema de salud un desastre, los tratados comerciales un fracaso, etc., todo está mal, hay que rehacer **todo**.

Él quiere tallar su propio trono, uno muy elevado y desde el que le puedan apreciar todos y aplaudir, su megalomanía lo lleva a desear estar siempre con multitudes que le aplaudan. Por eso no es extraño verle en los actos y conferencias referirse a sí mismo como un patrón de éxito. "Quién mejor que yo para construir un muro". "Sé mejor que nadie cómo cerrar un acuerdo ventajoso". "Conozco el sistema y por eso puedo cambiarlo". Son algunas de las ideas que más repite.

Esta autorreferencialidad ha tenido un ejemplo áureo al glosar sus éxitos del primer mes, el presidente no ha podido evitar su propia figura. En el comunicado oficial de la Casa Blanca, de apenas folio y medio, se cita a sí mismo 34 veces. Tantas como frases tiene el texto. Y para que no quede duda de quién es el sujeto histórico, cada oración arranca con un insoslayable "Presidente Trump…" al que siguen sus "logros", algunos tan dudosos como desmontar 8 guerras u ordenar la construcción de un muro con México. Aunque eso importe poco. Lo fundamental es él mismo.

En la visión de Trump, en el primer año cambió todo el sistema norteamericano. Pero está la otra cara de la moneda, la férrea defensa de los valores y los límites a su poder, que tanto lastiman su ego.

Para los medios, analistas e intelectuales, a quienes Trump odia tanto, los primeros meses en la presidencia ha confirmado que el mandatario está dispuesto a llevar a cabo todo aquello que prometió durante su campaña electoral, por muy polémico, irracional, ilegal o peligroso que pueda resultar. Pero este tiempo en el Despacho Oval también han puesto de manifiesto que la firmeza funciona y que el presidente, aunque redoble su oposición cuando encuentra un obstáculo, no necesariamente va a salirse siempre con la suya.

En el caso de Donald Trump llama la atención la inmensa cantidad de frustraciones que enfrenta en el día a día al no poder imponer sus puntos de vista con un puñetazo intimidatorio asestado encima de su lujoso escritorio de caoba en su oficina del Salón Oval. Imposible olvidar cuando Nikita Jruschov golpeó furioso, primero con los puños y luego con su zapato, el estrado desde donde daba un discurso de protesta en la ONU, en octubre de 1960.

Trump pasará difíciles momentos de contención ya que no puede seguir amenazando, por elemental decoro, a sus propios correligionarios republicanos, para ya ni hablar de los demócratas. Faltarían árboles en Washington para colgar, a su gusto, a los directivos del FBI, de la CIA, a los editores de The New York Times, a los periodistas de las cadenas de radio y televisión, a los caricaturistas, a los geniales autores de memes, y, ¿por qué no?, a Diaz Canel, el insolente jefe de Estado cubano que se niega a dejar el poder y se atreve a cancelarle llamadas al "amo del mundo".

Trump está acostumbrado a imponer sus decisiones por medio de la violencia verbal a sus colaboradores, socios y hasta banqueros, a quienes intimida con sus actitudes, su voz y sus amenazas. Sabe que mientras más crezca él, más se disminuirán los terceros en una confrontación de negocios. Sí, pero ahora en la Casa Blanca la situación es diferente desde que tiene que lidiar con un monstruo llamado oposición y otro, espantoso, conocido como instituciones republicanas. ¿Conclusión? No poder hacer lo que le viene en gana constituye un escollo inadmisible para su personalidad narcisista, incapaz de resistir opiniones contrarias a la suya, desde que él es titular inapelable de la verdad absoluta.

Cuando Eisenhower llevaba dos años en la Casa Blanca llegó a confesar: ¡Cuánto trabajo me ha costado aprender a ser presidente de Estados Unidos! Extrañaba, tal vez, la existencia de una escuela para presidentes, de modo que las consecuencias y los beneficios de tan difícil e inoportuno aprendizaje, no los padecieran ni sus gobernados ni el mundo entero. ¿En qué universidad, si no en la despiadada práctica, podría aprender Trump a seducir a su Congreso?

Trump advirtió en la campaña: ¡Acabaré de un plumazo con el Tratado de Libre Comercio con México! No ha podido ni podrá lograrlo, salvo una que otra adecuación para salvar la fachada. La derogación del tratado equivaldría a darse un balazo en la cabeza. ¿Qué sentirá un narcisista al tener que deglutir sus palabras en público como si masticara un ratón vivo y se lo tragará sin proferir queja alguna? Trump no podrá deportar a 11 millones de inmigrantes salvo que pretenda quebrar a la economía estadounidense; Trump miente al publicar el número de empleos creados en su administración; faltó a la verdad al atacar a Barack Obama y a Biden.

Desde que Trump llegó a la Casa Blanca ha recibido rechazo tras rechazo, derivados de las instituciones estadounidenses. Su mirada delata cansancio; el peso de su narcisismo, su peor enemigo, se evidencia en sus crecientes ojeras y en el notable envejecimiento dibujado en su rostro. Sí, lo evidente no requiere prueba, pero Trump no tiene imaginación de las consecuencias que acarrearía el intento de construir su muro en territorio mexicano, obviamente por la fuerza. El rencor histórico de México se desbordaría en la frontera. Espero que alguien le explique qué invadir un país no es lo mismo que construir un campo de golf en el Doral.

LA ADMINISTRACION DE TRUMP

Debería quedar claro que existen cinco administraciones de Trump diferentes mezclándose y revoloteando ante nuestros ojos -Trump entretenimiento, Trump limpieza, Trump el loco, Trump el partido republicano y Trump el esencial – y nadie puede predecir cual irá a definir su presidencia en un momento o proyecto determinado y hacer un éxito de ello.

Trump entretenimiento, muestra ahora cada día en una forma ofensiva "los hechos alternativos", a través de una ponzoñosa conferencia de prensa, un tweet denunciando a la prensa y medios como "el enemigo de los ciudadanos americanos" o como lo hizo en un rally en Florida, desconectado de cualquier agenda legislativa y organizado completamente con el propósito de alimentar el ego de Trump. Estados Unidos como país se está haciendo adicto al Trump entretenimiento. Es difícil no ver algo en el entorno de un presidente que dirá cualquier cosa acerca de cualquier cosa.

Como muestra basta un resumen que AP presentó de la entrevista a Trump es algo delirante. De hecho, la frase "Donald Trump es inteligible" se convirtió en una tendencia en redes sociales, como referencia a las 16 veces durante la entrevista en donde se dijo que no era posible transcribir lo dicho por el presidente.

Trump dijo que el Colegio Electoral es "algo que es difícil que un republicano lo gane" porque está "muy cargado" hacia los demócratas. Lo cual no es correcto. Sigue convencido que ganó las elecciones de 2020.

Trump acepta que cuando arremetió contra la OTAN en su campaña presidencial, él no tenía idea de qué es lo que la alianza hacía. Luego dijo, erróneamente, que "cuando formaron a la OTAN no existía algo similar al terrorismo". La OTAN se fundó en 1949 y el terrorismo es un concepto que ha existido por miles de años. El término en sí se acuñó durante el baño de sangre de la Francia postrevolucionaria del siglo 18.

Al describir una reunión con el representante demócrata Elijah Cummings, Trump parloteó así:

"Bueno, me dijo, tú vas a ser el más grandioso presidente en la historia, pero sabes, también tomaré eso, pero eso podrías ser. Pero dijo, ser el más grandioso presidente, pero también podría quedarme con lo otro.

En otras palabras, si haces tu trabajo, pero acepto eso. Luego lo vi cuando lo entrevistaban y era como si él nunca hubiera estado aquí. Es increíble. Lo vi cuando lo entrevistaban una semana después y era como si nunca hubiera estado en mi oficina. Y eso lo puedes mencionar".

De acuerdo con Trump, el demócrata por Maryland le dijo que él sería uno de los más grandiosos presidentes en la historia de Estados Unidos. De acuerdo con Cummings, eso no es exactamente lo que sucedió.

"El presidente (chino) Xi (Jinping), tuvimos una, bueno, una gran relación. Cuando yo le llamé un manipulador de moneda y luego dije: "Por cierto, me gustaría que resolviera el problema norcoreano", no fue algo que funcionara. Así que tienes que tener cierta flexibilidad. Número uno. Número dos, desde el momento que tomé posesión a la fecha, sabes, es algo muy exacto. No son generalidades. ¿Le gustaría una coca o algo?

Trump acusó a China de manipular su moneda jugando "al mercado de dinero. Ellos juegan el mercado de la devaluación, y nos sentamos allí como un montón de maniquíes". Según The Washington Post, Estados Unidos ya no está siendo herido por la manipulación de la moneda china y China ya no está devaluando su moneda.

Trump limpieza obliga a los adultos del equipo que siguen el despertar de Trump entretenimiento a "clarificar" lo que "el presidente quiso decir" – puede ser alguien del equipo, para asegurar que, a pesar de lo que dijo Trump, no se robarán el petróleo de Iraq, no hubo interferencia telefónica en la torre Trump por parte de la administración de Biden, no se quiere un solo Estado en Israel y Palestina, no se le debe tomar literalmente cuando dice que acabara con el TMEC y un muy largo etcétera que crece cada día.

Este equipo tiene que lidiar con los medios que lo acusan de mentir de manera continua, descarada y permanente.

Trump el loco trabaja para su jefe el estratega Stephen Miller, quien apresura a Trump a crear un caos con un puñado de órdenes ejecutivas sin coherencia orientadas a desmantelar the Deep State y con pocas posibilidades de éxito como la orden ejecutiva sobre migración de siete países musulmanes. Miller está dedicado a reducir la influencia global de China, la Unión europea e Irán, para hacer de Estados Unidos un país menos abierto a la inmigración y al comercio internacional, hacer tanto como sea posible un país más blanco y más nacionalista y un país libre de la influencia y la inmigración musulmana. Bannon impulsa a Trump en sus ataques a la comunidad de inteligencia de Estados Unidos y a los medios como una forma de debilitar todas las fuentes independientes de la verdad, de tal manera que Trump puede inyectar su propia realidad, a través de tweeter, directamente en el cuerpo político de los Estados Unidos. Con ello se vacuna y hace irrelevantes ante los seguidores de Trump de los ataques de la prensa y la televisión.

Una revisión por el Times revela que de sus 50 órdenes ejecutivas firmadas por Trump menos de la mitad tiene un efecto real en las políticas federales.

Dieciséis de las ordenes simplemente les dice a las oficinas de su administración que estudien un problema y le hagan llegar recomendaciones, algo que las agencias pueden hacer sin las ordenes ejecutivas, pero sirven de base a Trump entretenimiento.

De las restantes doce iniciativas, la mayoría tuvo algún impacto menor en el cambio de políticas, sobre cambio climático, apoyo a instituciones proaborto, inmigración y aplicación de la ley, etc.

Trump el partido republicano tiene de líder a y representa la vieja agenda republicana y conoce que Trump es visto como una especie invasiva que tomó control del Partido y Trump el partido republicano está justamente intentando sacar lo mejor de él – matar el Obamacare, reducir impuestos a los ricos, desregular Wall Street, promover la explotación de petróleo de fósiles y nombrar jueces conservadores – mientras retrasan sus peores ideas como la restricción al libre comercio.

La mayoría de los reportajes diarios acerca de Trump se han dedicado en su serie de fabricaciones que nos distrae del Trump esencial, que puede ser sumarizado como lo más confiable que él puede decir desde que inició su campaña "Puedo pararme en medio de la Quinta Avenida y disparar a cualquiera y no perdería votos".

Ese es Trump el esencial – un hombre quien valoriza la lealtad por arriba de todo y que piensa que sus seguidores son tan estúpidos y leales que no lo condenarían por matar a alguien que ellos vieron hacerlo; un hombre que piensa que puede crear miles de empleos con solo reunirse con los directores de las grandes empresas y ponerles una mano dura encima; y un hombre que no ha mostrado interés en ganarse la confianza de los ciudadanos que no votaron por él. No hay un solo demócrata en su gabinete y sólo le interesa ser presidente de su club de fans de Trump.

Cuando se juntan todos esos equipos o administraciones Trumps no puede existir espíritu de equipo pues no se inicia con una visión compartida de la época que se está viviendo y de las grandes fuerzas que le dan forma a este mundo. Todo empieza con las conclusiones en las cuales Trump basa sus hechos.

Hay gobiernos que se enfocan no en erigir muros, sino en preparar a sus ciudadanos a vivir sin ellos. Pero quizá las muchas administraciones de Trump puedan sorprendernos con sus logros. Quizá los elefantes puedan volar. Y quizá no.

LOS PRIMEROS 15 MESES DE TRUMP

Caos, tweets, dimisiones, decretos y fracasos han marcado los primeros quince meses de la Presidencia de Donald Trump. Aunque él asegura que su gobierno funciona como una "máquina bien aceitada". Con quince meses en el gobierno, el hombre que asegura haber heredado "un desastre" dentro y fuera del país, encabeza una Casa Blanca que es descrita por muchos como un desastre en sí misma. Renuncias, filtraciones, investigaciones sobre sus más cercanos asesores y pocos resultados reales.

El balance es sin duda desastroso. La conformación de su equipo de colaboradores ha mostrado una peligrosa tendencia a la confusión de papeles y al nepotismo. El mejor ejemplo son la presencia en el círculo más íntimo del presidente de su yerno Jared Kushner, casado con su hija Ivanka, quien a su vez está desarrollando un extraño papel de segunda primera dama, además de tener un cargo ejecutivo con oficina propia, algo sin precedentes en las costumbres de la Casa Blanca.

Cientos de miles de manifestantes han salido en diversas ocasiones a las calles de varias ciudades de Estados Unidos para protestar en forma continua por la forma de tratar a las mujeres, por el aumento de redadas y las políticas migratorias, por los derechos civiles, por la orientación de sus políticas, por la falta de transparencia en sus impuestos, etc.

A un ritmo impresionante, Trump ha irritado a líderes mundiales y frustrado aliados. Recibió un golpe legal en una de sus emblemáticas políticas de migración. Ha visto a fuerzas dentro de su propio gobierno pelear contra sus políticas y la filtración de información confidencial.

Investigaciones y reacción autoritaria en la Casa Blanca

Durante los primeros meses de la administración Trump, la presidencia se ha visto envuelta en un flujo constante de revelaciones relacionadas con investigaciones del FBI acerca de los contactos de miembros de su campaña con autoridades de inteligencia rusas, así como en torno a posibles delitos cometidos. Estas investigaciones han generado un clima de desconfianza y han puesto bajo escrutinio las acciones y decisiones del equipo presidencial.

Frente a estas revelaciones, la respuesta de Trump no ha sido la cooperación ni la transparencia, sino más bien la confrontación y el intento de control. El presidente ha optado por ordenar una purga dentro de los servicios de inteligencia, buscando deshacerse de aquellos que considera desleales o que puedan suponer una amenaza para su administración. Además, ha intensificado sus ataques contra los medios de comunicación, calificándolos de estar "fuera de control" y presentándolos como enemigos del pueblo.

Estas actitudes y decisiones reflejan un preocupante potencial autoritario en el seno de la Casa Blanca, donde la prioridad parece ser proteger la imagen y el poder del presidente por encima de la transparencia o el respeto a las instituciones democráticas. El manejo de las investigaciones y la reacción ante las críticas ponen de manifiesto una visión personalista del ejercicio del poder y una peligrosa tendencia a ignorar los contrapesos fundamentales para el funcionamiento de una democracia.

Aguijoneado por las críticas incesantes, Trump las descalifica diciendo que son "noticias falsas" entregadas por "el enemigo del pueblo", es decir la prensa. Las denuncias diarias contra los medios son solo uno de los nuevos hábitos a los que los estadunidenses se están acostumbrando.

El estilo disruptivo parece ser la norma en la forma de gobernar de Trump. Los polémicos decretos presidenciales, entre los cuales destaca la prohibición temporal de entrar en Estados Unidos a ciudadanos de casi 60 países musulmanes y a refugiados, reflejan tanto la falta de reflexión —no hay más que ver las consecuencias, incluyendo el intento de destitución del Presidente de la FED— como una visión completamente personalista del ejercicio del poder que ignora las leyes, al Congreso, los tribunales, el mundo empresarial y la sociedad civil. Una manera de actuar que se traslada a las relaciones internacionales y que ha llevado a Trump a modificar la política tradicional de Estados Unidos hacia Israel sin la más mínima reflexión sobre sus consecuencias, golpear a China, acercarse demasiado al archienemigo Rusia o a situar a México en el punto de mira.

Pero como Trump ha experimentado, la estrategia agresiva y chillona con la que intenta intimidar a los medios de comunicación y a sus oponentes internos puede funcionar para satisfacer a su base electoral, pero fracasa con aquellos que no se dejan amedrentar, como en el caso de China del que tuvo que recular por lo que recibió el mote de TACO (Trump Always Chiken Out).

Trump asegura que su gobierno funciona como una "máquina bien aceitada" lo hemos dicho antes, pero la realidad muestra todo lo contrario, pareciera que hay varios caminos en paralelo seguido por su equipo y a veces unos no saben lo que están haciendo los otros. Habla de las ganancias en el mercado bursátil y de la devoción de sus todavía leales partidarios como evidencia de que todo está bien, aunque sus niveles de aprobación son mucho más bajos que los de otros presidentes estadunidenses en sus primeros quince meses de gobierno. Además, el éxito económico que se atribuye es una consecuencia- en su mayor parte – de la política de Biden.

Casi todos los días comienzan (y terminan) con tuits presidenciales que tocan casi cualquier cosa, desde hablar de los noticiarios de televisión, hasta promocionar próximos eventos o insultar a la prensa, o a Biden. Los días de Trump son atareados. Afuera, hay grupos listos para las "sesiones de escucha". Líderes extranjeros llaman o llegan de visita o en su caso, las cancelan. Con China o con Corea del Norte, en parte también con Irán, el nuevo presidente ha tenido que dar marcha atrás para que la opinión pública no caiga en la cuenta de que hay ocasiones en que los interlocutores de Trump no se sienten atemorizados.

Trump, ha firmado al menos 30 decretos y acciones ejecutivas, pero, según expertos, el contenido de esas medidas es más simbólico que sustancial, un circo para entretener a sus seguidores, con la excepción del veto migratorio que fue bloqueado por un juez y que pronto será sustituido por otra medida. Y es que, a la hora de la verdad, las amenazas se concretan poco en detalles significativos.

Sin embargo, Trump prometió un plan de rebaja de impuestos, que los mercados esperan en tensión, porque medirá el alcance de la nueva estructura tributaria del país. Pero tampoco hay noticias específicas de su programa de inversión en infraestructuras, presuntamente el pilar decisivo para estimular la demanda interna del país. En ausencia de medidas concretas y de planes que puedan cuantificarse, es muy lógica la perplejidad del presidente de la Reserva Federal. Sin información económica procedente de decisiones reales, la política monetaria opera a ciegas.

La amenaza más grave en el ámbito económico procede de su anunciado y probablemente avanzado ya proyecto de desregulación financiera. Si Trump concreta sus amenazas —probablemente lo hará a corto plazo— de volver a los tiempos en los que no había separación entre banca comercial y banca de inversión, provocará a corto plazo un aumento del desorden financiero internacional; y a medio plazo un desequilibrio bancario entre áreas monetarias.

Como quiera que el proteccionismo y la desregulación conducen al caos global, aunque en primera instancia favorezcan a los mercados protegidos, Canadá, México y Europa deben mantener una actitud firme y nada temerosa frente a Trump, quien se ha demostrado fuerte frente a quienes considera débiles y conciliador frente a quienes expresan su decisión de no dejarse avasallar. Conviene aprender cuanto antes el lenguaje de Trump y entender que con él solo se puede negociar desde la firmeza y que su intención es hacer "ruido en los medios", pues desde su decreto para acabar con los carteles del narcotráfico calificándolos como organizaciones terroristas, la gran mayoría de sus medidas han consistido simplemente en "decir a sus agencias que busquen una forma de hacer algo". Es posible que esos decretos se acaben traduciendo con el tiempo en estrategias concretas que sí cambien sustancialmente las cosas, pero, por ahora, la presidencia de Trump ha estado más caracterizado por lo que ha dicho que por lo que ha hecho.

Y mucho de lo que ha dicho son grandes mentiras. El Huffington Post rastreó las observaciones públicas de Trump y sus ayudantes para compilar una lista de 100 incidentes de falsedades atroces. Aun así, es probable que la administración haya hecho decenas de otras afirmaciones engañosas y exageradas.

NUEVAMENTE DE CAMPAÑA

Con su ego herido por las derrotas reales -con la prensa, con el sistema judicial, con el Congreso, con los demócratas, con Rusia, con China, con Irán, con la sociedad norteamericana, con la sociedad europea, etc. – y con múltiples frentes de batalla abiertos, el principal la sombra de la conexión de su administración con el Kremlin, Donald Trump regresa siempre a la trinchera en la que se siente más cómodo, donde no hay críticas, sólo aplausos, el mitin-espectáculo con los republicanos. Los fines de semana que puede o lo necesita, recurre a sus seguidores para reconfortarse. En el primero de ellos, miles de seguidores lo aguardaban en un hangar del aeropuerto de Melbourne-Orlando (Florida) y el Comandante en Jefe, también performer en jefe, apareció en una escena milimetrada. El Aire Force One entró por el frente del hangar lento, majestuoso, con música épica a todo volumen.

Se frenó, la puerta de la nave se abrió, permaneció en suspense unos minutos y al fin salió Trump, acompañado por su esposa Melania, vitoreado por sus fieles, para bajar de la escalerilla del avión directo al estrado y lanzar un discurso de 45 minutos en el que desgranó los consabidos tópicos de su nacional-populismo –"Hacer América grande otra vez", "defender nuestra frontera", "darle trabajo de nuevo a nuestros mineros", "darle seguridad a nuestros barrios", "proteger a nuestros maravillosos ciudadanos", "echar a los terroristas"– y abundó en los ataques a lo que definió como "el principal enemigo del pueblo americano", los medios de comunicación. "Tienen su propia agenda y su agenda no es la ustedes", dijo en su discurso a un entregado público que acudió el hangar, un espacio, en palabras de presidente, "lleno de patriotas trabajadores".

De traje y sin corbata, enérgico, tronante, el presidente regresó al rol de candidato en campaña para electrizar a sus masas y repetirles que deben hacer oídos sordos a "los medios deshonestos". "Son parte importante de los problemas de este sistema corrupto". Afirmó que informan "sin fuentes" y que "en muchos casos inventan" las noticias, pese a que él mismo asumió en su primera ciclónica conferencia de prensa, una hora de boxeo directo con los reporteros, que las revelaciones que están publicando los medios salen de gargantas profundas del propio sistema que encabeza.

En las últimas semanas, el laberinto internacional con Siria, Afganistán y Corea del Norte le han alejado del universo que le votó. Una distancia que el mandatario, consciente de su debilidad electoral, busca acortar siempre que puede. A veces con mítines, otras con normas diseñadas para impactar en su caladero natural. Esta es una de ellas. Altisonante, nacionalista y con un fuerte anclaje en las encuestas. El tipo de política que gusta a Trump. Sabe que en noviembre se juega su presidencia, si perdemos, me correrán, les dice a sus seguidores. Po ello, sus acciones del presente a ese entonces será una campaña continua.

En sus fines de semana en Florida, donde se recoge en su mansión-club de élite Mar-a-Lago, una suntuosa casona de estilo hispano-morisco que su equipo llama la "Casa Blanca de Invierno" (si bien Trump inventó en un tuit un extraño nuevo apodo, "La Casa Blanca Sureña"), el presidente busca reconectarse a sus partidarios, a su ola política, "un movimiento", glosó, "nunca visto en este país y quizás en ningún otro lado". Sus bases lo alababan. La luna de miel de Trump con su América, una América real y amplia, mayoritariamente blanca y de clase media, continúa. "Pese a todas sus mentiras no nos han podido vencer", "y seguiremos ganando y ganando".

Igual que mucha gente de la costa Este baja a Florida a disfrutar el sol, el presidente Trump bajó a inyectarse trumpismo sobre el plató del poder. Lejos por un par de días de Washington, esa fría capital tan poco de su gusto que desde el arranque de su campaña comparó con "un pantano" que se ocuparía de "drenar", Trump se dejó acariciar los oídos escuchando a su gente gritar, otra vez: "¡Drena el pantano! ¡Drena el pantano!".

Ante su público cogió aire y volvió punto por punto a las ideas que ganaron su confianza y su ilusión. Proteccionismo económico –" compra americano, contrata americano"–, creación de empleos "como no han visto nunca", incremento en el gasto militar, menos impuestos y regulaciones empresariales, mano dura policial, medidas severas contra la inmigración ilegal –con "un maravilloso muro"– y la promesa de una América "grande" y "segura" frente a las amenazas que la asedian. Los "carteles transnacionales" que meten la droga "que envenena a nuestra juventud", los terroristas que quieren infiltrarse por las fronteras para cometer atentados. "Queremos gente que pueda compartir las tradiciones de nuestro país", reclamó, "no gente que traiga muy malas ideas".

En Florida avanzó que contempla la idea de que se creen zonas seguras en Siria para que los sirios que sufren la guerra puedan cobijarse sin que Estados Unidos tenga que acogerlos, y añadió que la factura correrá a cargo de los opulentos países petroleros del Golfo Pérsico. Un detalle muy en línea con sus críticas a las naciones de la OTAN por –a su parecer– no aportar suficiente dinero a la coalición militar.

Tras rearmarse entre los suyos, regresó a su paraíso de Mar-a-Lago. Cada lunes volverá a Washington, donde borbotean las filtraciones. Trump se tendrá que poner la corbata y calzarse las botas de barro. El pantano lo espera.

Vendrían otras heridas y otros fracasos, el remedio será siempre sus mítines donde él es el rey. Así lo hizo nuevamente al celebrar el primer año en el poder.

MAR -A- LAGO

Las crónicas de la vida de Donald Trump en la Casa Blanca lo describen como un león enjaulado, fuera de hábitat, retirándose a sus aposentos al anochecer para escrutar lo que dicen de él en la televisión, solo y en bata. Pero el fin de semana el presidente sale de Washington y vuelve a brillar bajo el sol de Florida.

Tras quince meses en el poder, todo el mundo conoce ya su mansión y club de élite Mar-a-Lago como la Casa Blanca de Invierno. Trump ha pasado allí los fines de semana y está convirtiendo su lujoso complejo para ricos en una sede paralela de gestión de los asuntos públicos de Estados Unidos con acceso exclusivo para sus invitados y los multimillonarios del club. Con una extensión de siete hectáreas al borde del mar, Mar-a-Lago, cuyo valor se estima en 100 millones de dólares, se presenta en su página web como un oasis que "brinda los privilegios más elevados y "un estilo de vida reservado a una minoría selecta".

Al presidente le gusta contar la anécdota del día en que recibió en su mansión al príncipe Carlos de Inglaterra y le dijo: "Creo que usted es la única persona que conozco que tiene una casa más bonita que esta", refiriéndose al palacio de Buckingham, a lo que el heredero de la corona británica, siempre según palabras del orgulloso Trump, habría respondido: "Bien, no estoy tan seguro de eso".

En un fin de semana de su primer mandato, Trump mandó traer a su mansión a cuatro aspirantes a consejero de Seguridad Nacional, los entrevistó antes de regresar a Washington, presentó allí al elegido, el general H. R. McMaster. En otro fin de semana llevó de invitado a Shinzo Abe, el primer ministro japonés. El sábado jugaron al golf durante el día y por la noche, sorprendidos por un ensayo balístico de Corea del Norte, Trump realizó su gabinete de crisis con Abe sentados a una mesa del patio, con los clientes del club maravillados cenando a su lado. De ahí salieron a dar una rueda de prensa. Finalizada, el presidente pasó por el Gran Salón de Baile a felicitar a una pareja que estaba celebrando su boda. Lejos de Washington, olvidando por un rato los misiles de Kim Jong Un, el león, feliz en su hábitat, cogió el micrófono y bromeó: "Ellos han sido miembros del club durante mucho tiempo y me han pagado una fortuna". Risas en Mar-a-Lago.

Todo es más relajado en la mansión, donde los privilegiados socios pueden toparse de repente con Jared Kushner, el poderoso yerno de Trump, disfrutando de un helado o a su turbio jefe de estrategia Stephen Mller merodeando al aire libre. Pero eso tiene un precio: 200 mil dólares de inscripción –duplicada después de que el dueño ganase las elecciones por segunda vez– más 14 mil de cuota anual.

El límite de miembros está en 500 personas y no está lejos de cerrarse por el aumento del número de interesados ahora que Mar-a-Lago no es solo un paraíso entre palmeras con vistas al océano sino el centro del poder. The New York Times ha revelado su lista de integrantes, rebosante de ejecutivos como el magnate minero y petrolero William I. Koch, un financiador de la campaña de Trump y según el diario posible "beneficiario" del proyecto Keystone XL, el polémico oleoducto cuya construcción ha priorizado el presidente. Otro es Richard LeFrak, un promotor inmobiliario.

Boyante en contacto con su gente en su palacio de estilo hispano-morisco de la Costa Dorada de Florida, el presidente combina reuniones con su gabinete sobre, por ejemplo, el futuro del sistema sanitario, llamadas a dignatarios de otras naciones o ataques al poder judicial a través de X y su red social con salidas a jugar al golf, un pasatiempo por el que criticaba a su antecesor Barack Obama y que ahora no deja de disfrutar siempre a completo resguardo de las cámaras de los medios.

Trump ha dicho que tiene intención de estar "yendo y viniendo" entre Washington y su mansión. Si continúa así pulverizará los registros históricos de excursiones presidenciales, aunque los gastos que acarrea podrían obligarlo a refrenarse. Se calcula que sus viajes a Mar-a-Lago han supuesto en un mes unos 11 millones de dólares, casi el promedio anual que empleaba Obama o Biden. En sólo un año Trump gastará lo mismo que BIDEN en 8 años.

Con todo, no será fácil que el presidente se aleje demasiado de su joya de la corona, de su placentero entorno natural, de su estética de techos dorados, tejas cubanas, azulejos españoles, alfombras orientales y tapices flamencos del siglo XVI; ni de su ecosistema social, de los suyos, gente que lo adora tanto como la socia Toni Holt Kramer, fundadora de su club femenino de fans, una dama de melena rubio platino y gusto por los estampados felinos que ha dicho: "Si Estados Unidos funcionase como Mar-a-Lago, seríamos el pueblo más dichoso del mundo".

LOS ALIADOS DE TRUMP

La vida de Trump no ha sido ni será fácil en Washington, quien ha dejado claro que pretende cumplir sus polémicas promesas de campaña y redefinir la política estadunidense, pero su escaso conocimiento de las dinámicas del Gobierno federal ha restado trascendencia -aunque no impacto mediático- a muchos de sus anuncios.

Para un historiador presidencial en la Universidad de Albany, Bruce Miroff, la mayoría de sus acciones ejecutivas han sido vagas o estaban mal escritas, lo que les resta eficacia. Este es un presidente sin experiencia política que no se ha tomado el tiempo de aprender las reglas del juego, sus estrategias y sus sutilezas.

Eso le ha hecho débil e ineficaz. Pero quizá el mayor problema que Trump enfrentará será la división que tendrá su máxima expresión en las protestas contra ICE en Minnesota y el país entero., veremos de que magnitud es la división que su campaña y ahora como presidente ha fomentado. Sus aliados de la extrema derecha siguen estando cerca de él, demasiado cerca, como MILLER, quien ha sido definido como "el poder tras el trono". Los equipos en las redes digitales siguen atizando el fuego del odio y aumentan la tensión y la división en el pueblo estadounidense. Entre ellas tenemos a:

White genocide

La concepción falsa, propagada por grupos supremacistas blancos, que alega que la inmigración en masas, la integración de otras razas, el aborto y el descenso de la tasa natalidad, entre otros, son políticas que al ser promovidas en países de predominancia blanca están convirtiendo a los individuos de esta raza en una minoría. Aquellos que creen en esta ideología, consideran que la raza blanca está en declive y bajo ataque. Para ellos, Trump es una victoria de su raza y ofrece la oportunidad de volver a proclamar la autoridad de los blancos en Estados Unidos.

La mezcla más peligrosa es el odio racial, la creencia en la supremacía blanca y el autoritarismo, juntos hacen un coctel que puede terminar en manifestaciones violentas.

La Grandeza de América y sus Contradicciones

El Lema Presidencial: Entre Promesas y Realidades

"Hacer América grande otra vez" y "América primero" son los lemas que definen la presidencia de Estados Unidos bajo el mandato de Trump. Sin embargo, estas consignas conviven con una realidad marcada por acciones controvertidas y errores que han provocado que América ruja en el norte, reflejando el caos político y la creciente división social tanto en su Gobierno como en la sociedad. A poco más de un mes desde el inicio de la nueva Administración, el impacto de estos cambios ha sido tal que el mundo observa sorprendido y la sociedad norteamericana se encuentra conmocionada, enfrentando cada mañana el reto de entender su nuevo reflejo bajo las barras y estrellas.

De la Esperanza a la Incertidumbre

La transformación de Estados Unidos ha sido drástica: hace apenas seis meses, el país contemplaba el futuro con esperanza y con la promesa de mejoras. Ahora, esa esperanza se ha visto sustituida por la confusión y la inquietud, mientras los ciudadanos intentan comprender los profundos cambios que han alterado el rumbo nacional. Es evidente que la grandeza de América, tanto en el pasado como en el presente, ha estado íntimamente ligada a las políticas que dirige hacia "la otra América", revelando una dependencia y una relación compleja entre ambas regiones.

Las Incertidumbres de la Nueva Administración

En este contexto, abundan las dudas sobre la visión y el conocimiento internacional del presidente. No está claro cuántos hemisferios contempla Trump en su visión del mundo, ni si comprende la diferencia entre países y ciudades, como cuando erróneamente se refirió a Bélgica como una ciudad. Tampoco se sabe con certeza si su interés va más allá de lo que afecta a los compradores de propiedades de lujo en sus emblemáticas torres doradas. Su comprensión sobre el funcionamiento de cadenas de producción y empresas como Boeing, que presume como ejemplo de producción nacional, es limitada, ya que en realidad se trata de una planta de ensamblaje de piezas fabricadas en distintos países del mundo.

Pero lo que sí sabemos es que, desde el presidente Monroe y su "América para los americanos", todo lo que ha hecho Washington ha sido monopolizar el planeta primero con el dólar y ahora con la tecnología, controlando así el patio trasero, el delantero, el de arriba y el de abajo.

Pero ahora la otra América, la que fue olvidando el anti yankismo, la que también ruge de indignación en una curiosa cacofonía sin ningún modo político y económico dominante muestra, contradictoriamente, un panorama desolador y la quietud tras la tormenta.

El otrora gigante y milagro del sur, Brasil, tiene Odebrecht, tiene a Lula y tiene la corrupción y pasará mucho tiempo para que desaparezca ese escándalo en la tierra de la samba y de la sonrisa. Se ha transformado en una mancha histórica que tapa los logros sociales del Partido de los Trabajadores que logró disminuir sustancialmente la pobreza y que ha generado una doble frustración: el mal supera al bien y Lula da Silva ha acabado siendo el emperador de la corrupción.

En el caso de México, estamos ante un país que del pasmo pasó a lo confuso respecto a lo que le gustaría ser: un país respetado y respetable, un país moderno y económicamente pujante. Pero, pese a sus problemas endémicos de corrupción, inseguridad y ausencia de estructura social y política moderna, sigue siendo confiable, y mantiene con Estados Unidos un intercambio comercial que supera los 500 mil millones de dólares.

Sin embargo, México no es como se sueña a sí mismo frente a su vecino del norte: poderoso puerco espín como para enfrentarse al poderoso oso. La presidente se levanta pensando que Trump, el TMEC y su realidad son una pesadilla en la que morirá políticamente defendiendo los intereses mexicanos, pero sin explicar cómo lo hará, encargando la gestión a su canciller, que ya tiene en un puño —no sabemos si de hierro o de terciopelo— el control absoluto de la relación con Estados Unidos.

Hoy la explosión del rugido de las Américas se basa en tres aspectos fundamentales. Primero, la ausencia de un modelo ejemplar y de una autoridad moral sobre los pueblos gobernados. Segundo, la confusión y el grave error estratégico con el que Trump decidió devolver la grandeza a América, sin darse cuenta de que, en el fondo, eso significa poner en peligro las conquistas de los últimos 100 años de la gran potencia mundial. Y tercero, la liquidación por quiebra y cierre del negocio de la corrupción, la permisividad y la tolerancia.

No hay modelos, no hay dirigentes, no hay Gobiernos; sin embargo, sí hay pueblos que tienen esperanza y hay una gran oportunidad latente. Así, el rugido tiene que servir para reconstruir porque si en algo tienen experiencia los latinoamericanos en los últimos 200 años es en oír los lamentos de una tierra prometida que nunca llega.

*Con información de "El País"; The Times, Los Angeles Times y The Washington Post, Huffington Post, The New York Times, Time, Newsweek, varios números.

EL ENTORNO DEL MUNDO

Las palabras de Trump en los últimos días reflejan fielmente su pensamiento: "Por demasiado tiempo un pequeño grupo en el Capitolio de nuestra nación ha cosechado las recompensas del gobierno mientras el pueblo ha cargado con el costo. Washington ha florecido, pero el pueblo no ha participado de su riqueza. El establishment se protegió a sí mismo, pero no a los ciudadanos de nuestro país. Las victorias de ellos no han sido las victorias de ustedes. Los triunfos de ellos no han sido los triunfos de ustedes. Ha habido poco que celebrar para las familias que se esfuerzan en nuestro territorio. Todo eso cambiará, empezando aquí y ahora. Este momento es de ustedes, les pertenece. Le pertenece a todos los aquí reunidos y a todos los que nos observan a lo largo y ancho de Estados Unidos. Esta celebración tiene un significado especial, porque el día de hoy no sólo estamos transfiriendo el poder de un gobierno a otro, sino que tomamos Washington D.C. y se lo entregamos de vuelta a ustedes, el pueblo".

El patriotismo económico de Trump, la teoría que comparte casi a ciegas con su estratega jefe, Stephen Miller, propugna la vuelta de Estados Unidos a sus fronteras, la retirada de la ayuda exterior, la persecución fiscal de las empresas que tercericen fuera y el fomento de la militarización como vector industrial. Este nacionalismo se alimenta de constantes apelaciones a la recuperación de la clase obrera, blanca y empobrecida, que le votó. Atacar de frente los programas de sanidad y pensiones supone una decisión de escala mayor que puede a hacer oscilar la orientación del voto. Liquidar el Obamacare afectaría, de hecho, a 22 millones de personas que ya disponen de un seguro por esta vía.

Donald Trump, con un escaso programa económico pero plagado de amenazas de veto a distintos acuerdos comerciales, siembra la incertidumbre sobre la mayor economía del mundo, que representa el 24,5 por ciento del PIB mundial. Las dudas llegan cuando la economía mundial sufre por un crecimiento raquítico. El TTIP, el acuerdo comercial entre Estados Unidos y la Unión Europea fue la primera víctima de la era Trump, lo desapareció en sus primeras órdenes ejecutivas. Hoy trata de revivir el tratado de libre comercio con la Unión Europea

A pesar de que existen un sinnúmero de elementos vinculados al proceso de globalización: las asimetrías y heterogeneidades tecnológicas y organizacionales entre las empresas grandes y pequeñas y entre los países desarrollados y aquellos en vías de desarrollo, y las asimetrías entre países y entre estados, son las que permiten que todos ganen con el comercio internacional. Pero este se desacelera prácticamente desde el inicio de la Gran Crisis de 2007. Pero tanto el FMI como el G-20 temen guerras comerciales, con medidas proteccionistas que reduzcan aún más los volúmenes. La llegada de Trump y su "América, primero" es un riesgo adicional: el nuevo presidente no es precisamente un seguidor de los acuerdos comerciales. Adora los aranceles: son grandiosos, dice.

Para muchos, Trump tiene algo de razón pues los gobiernos se volvieron excesivamente arrogantes. El abandono de las alturas del poder económico es quizás la mayor línea divisoria entre el Estado del Siglo XX comparado con el nuevo que emerge en el siglo XXI. Tampoco hicieron mucho para incluir a los "indignados", esos seres perdedores del proceso de la globalización que en su mayoría le dieron el triunfo a quienes les vendieron el sueño de la recuperación: Donald Trump, o a quien les prometieron nuevas y mejores oportunidades: el Brexit.

El neoliberalismo ha llegado para gobernar dicen los gurús. El inicio de la primera ficha del dominó del cambio la pone Margaret Thatcher en 1979 quien a poco de asumir el mando de Primer Ministro de Inglaterra dijo "No debemos esperar que el Estado aparezca disfrazado de hada buena en todos los bautizos, de locuaz acompañante en todas las etapas de la vida y de llorón anónimo en todos los funerales". Ella quería reemplazar lo que llamaba el "Estado -niñera" y su sobreprotección de la cuna a la tumba, por los riesgos y las recompensas inherentes a una "cultura empresarial".

Sus propuestas causaron furor por su viraje económico y la novedad de las propuestas, además de los resultados positivos -en el corto plazo - de su programa de privatización. Sus políticas y programas fueron acompañadas en la arena mundial por las mismas políticas aplicadas por Ronald Reagan a partir de 1981 en Estados Unidos. Y el mundo nunca volvió a ser el mismo, se convirtió entonces en un mundo neoliberal abriendo las brechas para la consolidación de la globalización.

Esas ideas derrumbaron los muros físicos, ideológicos y económicos y se propagó el paradigma de una nueva forma de hacer política y economía. Incluso, el 9 de noviembre de 1989 caería el último símbolo de ellos: el muro de Berlín. Claro que otros factores contribuyeron, pero la idea de libre mercado fue la punta de lanza para acercar los Estados nacionales del mundo. Con ello se inició el ocaso de la "Estrella Roja" y del socialismo real además de la decadencia de "las barras y las estrellas" e inicia el ascenso de la "Estrella Asiática".

Hoy, todo eso puede ser pasado, Donald Trump quiere reescribir la historia y borrar de varios plumazos con sus órdenes ejecutivas esos avances para volver a construir muros físicos con México, muros ideológicos con los países musulmanes, muros comerciales con los países con los cuales negocia, muros racistas con su desprecio a los afroamericanos y a los latinos, muros de desigualdad con su visión de la mujer, y un largo, muy largo etcétera.

Trump aprovechó la indignación de los olvidados de la globalización y de las promesas incumplidas por parte de los mercados para proporcionar justicia social, a partir de allí construyó su visión de que se debe recuperar lo que se perdió con la globalización (ingresos y puestos de trabajo -con la desindustrialización del Cinturón del óxido). A Trump se le olvida que también hubo ganadores y que estos son más que los perdedores.

En la medida en que la sociedad esté mejor informada tomará las mejores decisiones, pero, sobre todo, podrá valorar en sus justas dimensiones los beneficios y los perjuicios de la globalización. Esa justicia social que no llega a gran número de ciudadanos es la responsable de que ahora empecemos a hablar de la muerte de la globalización.

Es cierto también, que, con Trump como pretexto, es tiempo de hacer un alto en el camino para revalorar los procesos nacionales y repensar de una manera diferente la globalización, la integración y el neoliberalismo.

Allí se siembra la semilla del descontento de millones que perdieron las esperanzas para toda la vida, y para otros, la calidad de vida desciende a sus niveles mínimos. En ese repensar, debemos valorar el papel de las empresas que se desenvuelven en un entorno en el que la presión competitiva se caracteriza por la exigencia de grupos de interés acerca del respeto al medio ambiente y que las empresas sean socialmente responsables, además de los retos de la reducción del ciclo de vida del producto, los altos costos de investigación y desarrollo, el rápido cambio tecnológico y la incertidumbre estratégica asociada a la globalización, entre otros factores.

Esa presión ha propiciado que surjan nuevas formas de organización de la producción y patrones de competencia que descansan cada vez más en las ventajas asociadas a la producción flexible y a las economías de escala, lo que ha dado lugar a procesos de integración vertical y a distintas modalidades de cooperación con los grupos de interés.

El incluir los procesos de manufactura como un medio de la fábrica global para extender sus tentáculos en todos los países del planeta, sirve en este acercamiento, fundamentalmente, para explicar la globalización desde una perspectiva que incluya (a) la producción y el intercambio económico (ámbito fundamental en esta forma de coordinación de recursos económicos, productos y servicios), (b) las características de la tecnología y el cambio organizacional, y (c) la importancia del fortalecimiento de la innovación y el trabajo conjunto en el aprovechamiento de la oportunidad productiva para ser competitivos en un mundo globalizado. Como consecuencia de ello, el medio laboral cambia y al hacerlo cambia toda la sociedad en su conjunto.

Ya dijimos que la globalización, como cualquier otro proceso social, es un fenómeno complejo cuya comprensión involucra elementos de índole diversa, por lo que difícilmente puede ser explicada desde la perspectiva de una teoría, ya que, debido a su complejidad, una sola teoría resulta insuficiente para dar cuenta de su naturaleza (qué es y cuál es su especificidad), su forma (cómo se presenta), su función (qué efectos tiene), sus características principales y su evolución.

El discurso de Trump centrado en la crítica de los efectos de la globalización se realiza en un campo en el que convergen los planteamientos científicos, las tendencias y los intereses económicos, políticos, sociales y culturales, así como las orientaciones hacia algunos aspectos específicos de los beneficios y perjuicios que provoca. Ambas orientaciones son polémicas, y aún se debaten vehementemente sus aspectos positivos y negativos. Es realmente complejo analizar la totalidad de los elementos que configuran el proceso de la globalización, igualmente complejo lo es el delinear, para la segunda década del tercer milenio, algunas de las tendencias que los vincularán al cambio e impacto en las sociedades.

Para las personas afectadas por el proceso de globalización, esas que en su mayoría le dieron el triunfo a Trump, vivir y adaptarse a los cambios sin una preparación adecuada fue el desastre. Es vivir en un mundo diferente, pues el planteamiento axial del proceso de globalización es la configuración de un mundo en el cual los flujos financieros, el desarrollo de la tecnología de la información y la comunicación, y la actividad económica y comercial, desdibujan las fronteras de los países insertos en dicho proceso, aun cuando el impacto del cambio sea diferente de un país a otro, según su grado de desarrollo, las diferencias estructurales y los movimientos de los flujos financieros.

Pero de ello a pensar que un país sin vincularse al entorno mundial le llevará los trabajos perdidos a esos olvidados o marginados de la globalización hay un mar de distancia. Trump se dará cuenta muy pronto de lo que significa la realidad frente a su visión que no tiene otra base más que su voluntarismo. Estados Unidos no es una empresa y ese será su peor error el creer que se pueden tomar decisiones como él lo hacía en sus empresas.

Lo ha repetido varias veces "no estoy bromeando, cumpliré mis promesas de campaña". El Trump presidente será igual que el Trump candidato. Y pondrá en el papel el nacionalismo económico y el proteccionismo comercial, con lo cual es muy probable que el sistema global de comercio tal y como lo conocemos cambie radicalmente durante su mandato.

Trump y sus asesores predican cuatro principios sobre los que están diseñando la nueva estrategia comercial norteamericana. El primero es que el sistema comercial multilateral de corte liberal imbricado en la Organización Mundial de Comercio (OMC) ha servido para que el resto del mundo abuse de Estados Unidos – Trump se refiere en específico a China y México - y debe ser modificado. El segundo es que los déficits comerciales son perjudiciales y no son justos que, por tanto, hay que eliminarlos. El tercero es que Estados Unidos debe utilizar su fuerza para negociar acuerdos comerciales bilaterales más favorables, y que saldrá exitoso de dichas negociaciones porque, en caso de guerra comercial, los demás países podrían perder más que Estados Unidos, lo que los llevará a someterse. Y el último principio es que este neomercantilismo debe servir para reindustrializar Estados Unidos y crear empleo.

Ninguno de estos principios tiene demasiada validez en un mundo multilateral y global. De hecho, la doctrina mercantilista, que se resume en que las exportaciones son buenas y las importaciones son malas, no logró elevar los niveles de prosperidad económica ni estabilizar las relaciones internacionales como lo harían posteriormente las prácticas de apertura comercial bajo reglas multilaterales.

Un déficit comercial no es bueno ni malo per se. Supone que se está gastando más de lo que se produce, pero si ese gasto se plasma en inversiones que aumentan el crecimiento futuro, no debería haber ningún problema. Asimismo, la idea de que el déficit comercial de Estados Unidos con México, China, Japón o Alemania se podría reducir fácilmente imponiendo aranceles, y que esto permitiría elevar el empleo industrial en Estados Unidos, es bastante engañosa. Es cierto que los trabajos de David Author han demostrado que existen determinadas áreas de Estados Unidos donde las importaciones chinas han eliminado mucho empleo manufacturero, así como que los trabajadores industriales que han perdido su empleo no han logrado encontrar nuevos trabajos en otros sectores. Sin embargo, la realidad es que el declive industrial ha afectado a todos los países avanzados, que la producción industrial ha aumentado, aunque el empleo industrial haya caído (debido a un aumento de la productividad) y, lo que es más importante, que la automatización parece tener mucho más peso que el comercio a la hora de explicar la reducción del empleo industrial. Por todo ello, el proteccionismo no servirá para recuperar empleos industriales en Estados Unidos, ya que la mayoría de las actividades de bajos salarios que hoy se hacen en

México o China, de trasladarse a Estados Unidos, seguramente serían automatizadas en pocos años. Esto no quiere decir que no haya que ayudar a los desempleados de larga duración que solían trabajar en la industria y, sobre todo, a las regiones deprimidas que han sufrido la desindustrialización y necesitan que el Gobierno les preste apoyo. Pero el proteccionismo no es la solución.

Por último, pensar que el sistema OMC que Estados Unidos puso en pie tras la Segunda Guerra Mundial ha servido para que otros países abusen de las buenas intenciones norteamericanas es, cuando menos, exagerado. Es cierto que los países europeos primero, y los emergentes después, se beneficiaron del orden económico liberal. De hecho, el principal objetivo del acuerdo Transpacífico (TPP), que ha sido la primera víctima del proteccionismo de Trump, era contener el auge geopolítico de China en Asia.

Por todo lo anterior, si Trump y sus asesores son fieles a sus principios, debemos estar preparados para ver súbitos cambios en el sistema comercial global. Lo primero que sucederá es que los acuerdos en curso se frenarán. El TPP ha muerto. El TMEC está muriendo. Y Estados Unidos pretende negociar acuerdos bilaterales con los principales países firmantes, algo que tal vez nunca llegue a ocurrir si China aprovecha la oportunidad para liderar un gran acuerdo en el Pacífico que no incluya a Estados Unidos. De hecho, parece que Estados Unidos estaría interesado en negociar acuerdos comerciales bilaterales con los países de la Unión Europea, algo que no es posible ya que los Estados miembros tienen cedida su política comercial a Bruselas. Tal vez por eso, Trump quiere destruir la Unión Europea.

Por otra parte, es muy probable que Trump elimine el TMEC el acuerdo con Canadá y México) y lo sustituya por acuerdos bilaterales con ambos países. Esto sería importante desde el punto de vista simbólico porque, aunque existe amplia evidencia empírica de que el impacto del TMEC sobre la economía de Estados Unidos fue pequeño, gran parte de la opinión pública (y sobre todo sus votantes) piensan que el acuerdo sirvió para llevarse muchos empleos estadounidenses al sur. El acuerdo bilateral con Canadá no debería ser difícil, pero la negociación con México será el primer test para evaluar si la estrategia del negociador duro le funciona o no. Y dada la dependencia de México de la economía estadounidense, es posible que le funcione.

A partir de ahí, lo más probable es que Trump se centre en China, a quien ha amenazado con aranceles del 45, 100, 145 por ciento. Pero es poco probable que China ceda ante estas amenazas y ahí es donde aparece el principal riesgo de guerra comercial, que nos recuerda a los años treinta del siglo pasado. Una escalada arancelaria entre China y Estados Unidos generaría una importante caída del comercio mundial porque ambos países son parte fundamental de las cadenas de suministro globales. Y, además, si China denunciara ante la OMC las medidas proteccionistas de Estados Unidos y ganara, habría que ver si Trump sacaría a su país de la organización como prometió en campaña electoral y lo ratificó al inicio de su segundo mes de mandato. Si lo hiciera, sería el principio del fin del multilateralismo.

TRUMP EN SUS FRASES

En febrero durante la intervención ante el congreso, el Trump moderado soltó las siguientes aseveraciones.

"Las naciones libres son el mejor vehículo para expresar los deseos de sus pueblos y Estados Unidos respeta el derecho de todas las naciones a elegir su camino. Mi trabajo no es representar al mundo. Mi trabajo es representar a los Estados Unidos".

"Creo que una reforma migratoria real y positiva es posible, siempre que nos enfoquemos en tres objetivos: mejorar los trabajos y los salarios de los estadunidenses, reforzar nuestra seguridad nacional y restaurar el respeto por nuestras leyes".

"Debemos restaurar la integridad y el imperio de la ley en nuestras fronteras. Por eso, pronto comenzaremos la construcción de un gran muro a lo largo de nuestra frontera sur. Se iniciará antes de lo programado y, una vez terminado, será un arma muy eficaz contra el crimen y las drogas".

"Como prometí, he ordenado al Departamento de Defensa que desarrolle un plan para destruir al Estado Islámico, una red de salvajes sin ley que ha matado a musulmanes y cristianos y a hombres, mujeres y niños de todas las creencias. Trabajaremos con nuestros aliados, incluyendo a nuestros amigos y aliados del mundo musulmán, para extinguir de la faz de la Tierra a este villano enemigo".

"Estados Unidos está dispuesto a encontrar nuevos amigos y a forjar nuevas alianzas donde los intereses comunes coincidan. Queremos la paz, dondequiera que se encuentre. Hoy, Estados Unidos es amigo de antiguos enemigos. Algunos de nuestros mayores aliados, hace décadas, combatieron en el otro lado durante las guerras mundiales".

"La única solución a largo plazo para las crisis humanitarias es crear las condiciones para que las personas desplazadas puedan regresar a salvo a sus hogares y empezar un largo proceso de reconstrucción".

"Apoyamos firmemente a la OTAN (...) pero esperamos que nuestros aliados cumplan con sus obligaciones financieras. Esperamos que nuestros aliados, en la OTAN, en Oriente Medio o en el Pacífico, asuman un papel directo y significativo en las operaciones estratégicas y militares, y que paguen su parte justa del costo".

"No podemos permitir que se forme una avanzadilla de terrorismo dentro de Estados Unidos. No podemos permitir que nuestra nación sea un santuario para los extremistas".

"Hemos perdido más de una cuarta parte de nuestros empleos en la industria desde que se aprobó el Tratado de Libre Comercio de América del Norte (TLCAN) y hemos perdido 60 mil fábricas desde que China se unió a la Organización Mundial del Comercio en 2001".

"El tiempo de los pensamientos pequeños ha terminado. El tiempo de las peleas triviales ha quedado atrás. Sólo necesitamos el coraje para compartir los sueños que llenan nuestros corazones. El valor para expresar las esperanzas que conmocionan nuestras almas. Y la confianza para convertir esas esperanzas y sueños en acción".

1. INTRODUCCIÓN A LA GLOBALIZACIÓN

Trump quiere desmantelar la globalización. En el presente apartado realizaremos una descripción de las características, antecedentes, definiciones, efectos y críticas vinculadas con la globalización y la Guerra fría y analizaremos las afirmaciones de organismos internacionales en el sentido de que los efectos negativos de la globalización –principalmente las acciones de las grandes corporaciones en los países en proceso de desarrollo – han sido el factor motivante para emprender una serie de cambios organizacionales no sólo orientados a incrementar la efectividad organizacional en un entorno complejo, sino para darle también un rostro humano a la empresa y a la globalización.

El discurso, la crítica o la apología, de la globalización se realiza en un campo en el que convergen los planteamientos científicos, las tendencias y los intereses económicos, políticos, sociales y culturales, así como las orientaciones hacia algunos aspectos específicos de los beneficios y perjuicios que provoca. También existe convergencia de planteamientos en el orden ambiental y organizacional. Ambas orientaciones son polémicas, y aún se debaten vehementemente sus aspectos positivos y negativos. Es realmente complejo analizar la totalidad de los elementos que configuran el proceso de la globalización, igualmente complejo lo es el delinear, para la segunda década del tercer milenio, algunas de las tendencias que los vincularán al cambio e impacto en las sociedades.

Para que las personas afectadas por el proceso de globalización puedan vivir y adaptarse a los cambios, la época actual establece como requisito básico que entiendan los cambios políticos, económicos, tecnológicos, culturales y sociales que la propia globalización ha generado, de manera implícita o explícita, en diferentes países. Para ello necesitan adentrarse en la abundante información sobre el proceso de globalización y sobre sus causas y efectos; en caso contrario, les será difícil ir al fondo y comprender las variables que determinan los cambios más significativos que están ocurriendo en estos tiempos. El planteamiento axial del proceso de globalización es la configuración de un mundo en el cual los flujos financieros, el desarrollo de la tecnología de la información y la comunicación, y la actividad económica y comercial, están desdibujando las fronteras de los países insertos en dicho proceso, aun cuando el impacto del cambio sea diferente de un país a otro, según su grado de desarrollo, las diferencias estructurales y los movimientos de los flujos financieros.

En el pasado, los escritos de los globalistas más abiertos a las dimensiones sociológicas, políticas, culturales e historiográficas, parecían describir un mundo futurístico ideal inalcanzable construido en base a este proceso, sin percatarse que la globalización no es un término neutro y descriptivo, sino uno cuya connotación y simbología lo acerca a la categoría de modernidad en un sentido amplio, un término plagado de contenidos ideológicos no exentos de contradicciones. Hoy, la noción de que algo fundamental está sucediendo, o ya sucedió en el mundo es generalmente aceptada, conjuntamente con la confusión del cambio, la aceleración de la incertidumbre y el incremento de la complejidad.

Como ocurre con frecuencia, se procura justificar una ideología y convencer de ella al ciudadano medio recurriendo a frases impactantes que sean fáciles de asimilar para que las hagan suyas. La carga ideológica se manifiesta con claridad cuando se asumen posturas extremas, al afirmar, por ejemplo, que el sistema global es irreversible y que no puede ser cambiado, lo cual, desde luego, es falso. Si bien no es posible cambiar la tendencia, sí lo es modificar los matices de sus características.

Mientras el desarrollo de las fuerzas productivas no ha sido, ni lo será a nivel mundial, homogéneo, sí hay uniformidad en la pretensión de lograr un mundo con países sin fronteras, capaces de atraer las inversiones y mejorar su posición en el ranking internacional. Por ello, si a mediados del siglo XIX se asustaba al mundo con la frase "un fantasma recorre al mundo: el fantasma del comunismo", después de la reunificación Alemana en 1989, con el mismo afán se podría parafrasear: "dos realidades recorren el mundo: el neoliberalismo y su efecto…el desempleo".

Según el punto de vista que se adopte, determinado en gran medida por las expectativas de cada quien, para algunos la globalización será sinónimo de "progreso" donde se engloba mayores niveles de bienestar, aumento en la esperanza de vida, ruptura de fronteras que aíslan y confinan; para otros significará pérdida de identidad, desaparición de la riqueza cultural que da la pluralidad, destrucción de los ecosistemas por el afán desmedido de producir. Lo más asombroso es que para la gran mayoría la "globalización" es aún un concepto vacío, carente de significado. Adicionalmente, la defensa y la oposición se complementan con la indiferencia.

Más allá de estas tres posturas básicas, nos corresponde a los académicos la responsabilidad de analizar críticamente y con detenimiento el fenómeno, derivando tanto sus consecuencias positivas como negativas, habida cuenta que, los rasgos y características que vinculan entre sí a las economías mundiales y los procesos a través de los cuales se da la interrelación de los sistemas financieros nacionales e internacionales, pueden contribuir tanto a la consolidación como a la destrucción de las economías nacionales, con el agravante que el impacto negativo siempre será mayor en los países en vías de industrialización.

Los gobiernos de los países con grandes empresas globales impulsaron reformas en los países destino como precondición para establecer la fábrica global, para producir algunas de las partes de su cadena productiva creando clústeres en esos países.

Las sinergias que producen los clústeres se basan en la interdependencia comercial, explicada por la proximidad de las empresas que realizan actividades diferentes, pero interrelacionadas en la cadena de producción, que reducen los costos de producción asociados y hacen posible la interacción entre empresas. En la década de los noventa, Amin y Thrift (1994) enfatizaban que las bases socioculturales de la aglomeración conducen a la reducción de los costos, y, por ende, de los precios finales de los productos, constituyéndose en la base de las empresas globales.

Los argumentos anteriores –aunque parcialmente falsos - y las imágenes de cambio, derivado del proceso de globalización, son tan poderosas que han cautivado a analistas y además han captado la atención de políticos y gobernantes. La reacción de los ciudadanos ante propuestas económicas y políticas esquizofrénicas es una mezcla de escepticismo y optimismo acerca de las posibilidades de controlar la economía internacional y las políticas y estrategias nacionales para alcanzar un desarrollo nacional que de alguna manera recompense las pérdidas que ha sufrido el bolsillo de los ciudadanos comunes.

Por su utilización en campañas políticas, la globalización pasó de ser sólo un fenómeno económico, social, ecológico, político, cultural, etcétera, a ser fundamentalmente un fenómeno político internacional, que, al desdibujar el Estado contemporáneo, estableció las condiciones para pensar en el Estado del futuro, en la próxima utopía: el Estado mundial cuyas imágenes se advierten en los avances logrados en la Unión Europea, integrada ya por veintisiete países, y en el sueño de integrar a los países restantes en un plazo no muy lejano (2015). Los analistas aún no se han dado cuenta total de la magnitud de los cambios que están transformando al mundo y han desaprovechado la oportunidad de desarrollar su característico punto de vista sobre este fenómeno que, sin duda, será lo común en este siglo veintiuno.

Los estudiosos y analistas que durante décadas sostuvieron que la realidad en cuanto tal, sin limitaciones ni simplificaciones, no podía ser afrontada ni comprendida sin tomar en cuenta la dimensión internacional, hoy, al igual que los futurólogos, pueden cantar victoria en su afirmación, pues la realidad se ha internacionalizado tal como lo pregonaban; ha rebasado las fronteras de los Estados desde casi cualquier perspectiva: la política, la económica, la cultural, la social, la médica, la jurídica, etc. La internacionalización ha dejado de ser un mero punto de vista y se ha vuelto una realidad de cuyos efectos, positivos o negativos, ningún Estado escapa a ello. Tanto la desaparición o el aislamiento de los diferentes "ismos" - socialismo, comunismo, capitalismo pregonado por los globalistas y la radicalización del fundamentalismo - como la paralización de las reformas radicales nacionales.

Estas se habían visto como inviables a la luz de los juicios y sanciones de los mercados internacionales, en cuanto efecto de la globalización han determinado, lo que Francis Fukuyama llama "el fin de la historia" y que puede llevarnos al "fin del hombre", con el nacimiento del nuevo dios único al que hay que adorar: el mercado. El socialismo ha muerto, ¡viva el libre mercado!, claman los pregoneros del neoliberalismo. Para Castells, la globalización y la lógica dominante de la sociedad de redes han engendrado sus propios desafíos que han tomado la forma de identidades colectivas de resistencia, o, lo que es lo mismo, ha determinado el paso de las identidades de legitimación a las identidades de resistencia.

En este contexto, Castells apuesta a la formación de identidades progresistas y prospectivas bajo la forma de movimientos sociales de resistencia a la globalización.

No obstante esta lucha de contrarios, esta polarización de posturas, la realidad y los cambios económicos, políticos, sociales y culturales son más complejos y menos dramáticos de lo que predican y vislumbran los globalifílicos y los neoliberales, por consiguiente, es posible que las acciones nacionales racionales y el control de los mercados internacionales promuevan cambios sociales propicios para el encubamiento de una forma todavía más avanzada de globalización que se configure con un rostro más humano.

Por ello, a pesar de los cambios tan acelerados, para los globalistas extremos la globalización seguirá siendo un mito en el primer cuarto de siglo del tercer milenio. Lo será porque una economía altamente internacionalizada ha existido desde que se inició la industrialización y se generalizó la transferencia de tecnología y también, porque sólo hasta que todos los países adopten la globalización con la forma que ya ha asumido en los países más desarrollados, sólo entonces, la globalización será una realidad mundial.

En la actualidad, cuarenta y cinco países globalizados no son todo el planeta, aun cuando ahí se concentre el ochenta por ciento de la riqueza mundial. Sin embargo, la brújula apunta en esa dirección y en el mediano o largo plazo la globalización generalizada será una realidad. No se vislumbra otra opción, si bien la mitad de la población actual no la verá.

Contrario a otros estudiosos, los globalistas le dieron al fenómeno la importancia que merecía porque, en sentido estricto, eran los únicos realmente ocupados en problemas globales. El resto (como el filósofo o el administrador), se movía en un terreno completamente incondicionado o se situaba por completo en alguna región específica del saber. Uno de los problemas globales, el de la guerra, del que el internacionalista reivindica la preeminencia, hace coincidir a todos por la obvia razón de su posible manifestación nuclear. Hoy, la guerra de Irak y Afganistán, y en el pasado reciente la de Kosovo, Kenia y Zimbabue, nos muestran esa realidad que une a todos los países.

No faltaron quienes objetaban que un mundo anárquico como el de las relaciones entre Estados soberanos superiores non recognoscentes (que no reconocen superiores por encima de sí mismos), pudiera prestarse a cualquier tipo de teorización, por ser una utopía. En el mejor de los casos dicho mundo podía ser "observado", como un mero evento natural.

Con todo, la situación anárquica (o la pérdida de control) en la que se han envuelto todas las manifestaciones de la acción humana, hace que se retome la discusión de los cambios que ha sufrido el Estado, de los cuales hablaremos más adelante. De momento basta mencionar algunos ejemplos que alimentan la configuración de la aldea global y reconfiguran al Estado: el de las autopistas de la información, en las que todos pueden "interactuar" sin portar licencia y donde lo mismo se puede distribuir un catálogo con contenido pornográfico, que el del Museo del Louvre; cualquier transacción financiera internacional se opera con un "return" en la computadora.

Y al instante miles de millones de dólares se convierten en imágenes binarias que se trasladan sin control alguno a cualquier parte del planeta. Lo grave es que nadie está, ni estará, en control de esos procesos.

Por todo lo anterior, las explicaciones que economistas y políticos dan a la decadencia del mundo actual terminan siempre con una palabra: globalización. Afirman que las tecnologías de la información y las telecomunicaciones, los bajos costos de transporte que permiten que la empresa global se ubique en cualquier país y el comercio libre ilimitado, son factores que fundirán al mundo en un solo mercado. Las empresas de países industrializados --da lo mismo si hablamos de Alemania, Inglaterra, Francia, Suecia o Bélgica que de China, Taiwán, Vietnam o la India-- están creando empleos en el extranjero, donde los salarios son más bajos. La empresa global les permite redefinir su quehacer empresarial en un mundo global donde lo importante es la reducción de costos de producción y operación y el máximo incremento en las utilidades. Cada vez más, los ejecutivos de estas empresas se están enfocando a una mayor reducción de los costos mediante otra reducción: la del personal.

Las exigencias para que los trabajadores renuncien se han vuelto una cacofonía. Todo para favorecer al libre mercado. El Estado de bienestar se ha vuelto una amenaza para el futuro, un plus de desigualdad es inevitable, claman los ministros de economía o del trabajo (Martin y Schuman; 2000: 1-17).

En el sentido de las definiciones, la coyuntura de los conceptos es reciente, pero, en cambio, es intensa. Por eso no es de extrañar que no existan todavía definiciones únicas más o menos aceptadas de los conceptos de globalización, que sólo con poca frecuencia aparezcan referencias recíprocas por encima de las barreras del idioma, y que los conceptos sean usados frecuentemente de manera arbitraria que se propone "avanzar en este proceso de construcción de un consenso público hacia un mundo que funcione para todos". (Mander, Cavanagh et al, 2003,16).

2. LA GUERRA FRÍA.

En su fase inicial, la globalización se deriva del proceso de la Guerra Fría. En su malignidad ensangrentada, la Guerra Fría fue psicológica, física, filosófica, armamentista. La proliferación y venta de armas de destrucción masiva sirvió para que los pueblos enteros se mataran unos a otros. Los impactos de esta guerra de baja intensidad se sintieron en países latinoamericanos (Nicaragua, El Salvador, Panamá, Colombia), asiáticos (Corea, Singapur), africanos (prácticamente en todos), del medio oriente (Líbano, Palestina y Pakistán).

Se ha dicho que el honor, el miedo y el interés son las razones que arrastran a los pueblos a la guerra; pero la globalización encontró sus propios motivos: el control geopolítico y el control económico; supo, además, aprovechar para su propaganda a los tres primeros, disfrazando las verdaderas razones que son la lucha por el poder, por los mercados, por el petróleo, por la búsqueda de intereses materiales y estratégicos y el perpetuo tirón emocional sigue vigente, inclusive en el mundo de los microchips, teléfonos satelitales e Internet.

El nuevo sistema internacional implica nuevos incentivos y otras restricciones, en éste interactúan lo nuevo, la globalización, y lo viejo, expresado en las pasiones y ambiciones por el poder, la dinámica del cambio requiere que la comprensión de lo que día con día acontece en el mundo considere estos fenómenos del entorno y de los impulsores de la acción humana. Dos rasgos fundamentales caracterizaron la Guerra Fría: el control mundial por dos superpotencias, los Estados Unidos y la Unión Soviética, y su lucha por la ventaja estratégica, los mercados, los recursos y el honor, en la que el beneficio de una representaba el perjuicio de la otra. Ante este escenario, los países se alinearon a una u otra potencia, en función de sus recursos o de la posición estratégica que asumieran.

La Guerra Fría alentó conflictos regionales como parte de la competencia global de las superpotencias, haciéndolos ver parte de una preocupación global. Al temor de las superpotencias de perder alguna posición que trajese consigo la pérdida de otras, se le conoció como la "teoría dominó" de la geopolítica y ésta, sólo con el fin de la Guerra Fría, hubo de experimentar un cambio radical.

Las grandes guerras ocurren sólo cuando las grandes potencias quieren pelear y se han agotado los medios para aminorar el conflicto. En la globalización, lo que menos desean las grandes potencias es saltar al cuadrilátero, en lugar de dejarse arrastrar por conflictos regionales, prefieren levantar cortinas de hierro alrededor de esos conflictos civiles, y evitarlos como si fueran vecindarios indeseados como lo hace Israel y Estados Unidos. Irak es un caso ilustrativo para el involucramiento basado en razones políticas y económicas en el caso de las potencias europeas.

La globalización modifica la geopolítica de muchas maneras: amplía las fuentes de poder --más allá de las clásicas cantidades de tanques, aviones y misiles-- y crea nuevas fuentes de presión sobre los países, haciendo que cambie su organización. La presión no es ya la clásica incursión militar de un estado en otro, sino las invasiones más invisibles; las financieras, de supermercados, las culturales o de individuos súper poderosos.

Por diversas razones, la política exterior de los países se ha adaptado con lentitud a la globalización, en parte, esto se debe a la experiencia limitada por ser el fenómeno relativamente nuevo; en parte, también, a que los expertos en la Guerra Fría no aceptan que su experiencia les ayudará poco en el análisis y comprensión de la nueva geopolítica; en parte también, por último, porque en ciertos sectores del servicio exterior existe una renuencia a incorporar en el análisis los mercados y las finanzas.

En la era de la globalización las guerras no serán entre Estados, ni las líneas de batalla se definirán entre proestadounidenses y prosoviéticos. La guerra cultural e ideológica de los "civiles" proglobalizadores y antiglobalizadores -o como se dijera en el World Economic Forum del 2000 en Davos, los globalifílicos y globalifóbicos -se convertirán en los nuevos protagonistas del conflicto a escala regional y mundial. Los enfrentamientos se darán entre los globalistas de cada sociedad y los localistas de esa misma sociedad; entre los que se benefician gracias al nuevo sistema y los que se sienten desplazados, en otras palabras, entre perdedores y ganadores. Las crisis políticas en Argentina, Venezuela, Ecuador, México, Brasil, Chile, Bolivia, lo demuestran claramente.

Si bien el honor, el miedo y el interés de los países no han desaparecido, están pasando a segundo plano ante las restricciones, presiones e incentivos de la globalización. Algunos se replegarán; otros las ignorarán y tratarán de atropellar a quienes se les enfrente, la competencia tendrá como divisa el ofrecimiento de las mejores oportunidades para la inversión directa o especulativa en sus respectivos territorios.

Obviamente, no pretendemos predecir el resultado final; sólo conjeturamos que aquellos impulsores de la política exterior - honor, miedo, interés, antiguos como la propia humanidad - cederán ante las promesas y presiones que la globalización trae consigo y que las causas tradicionales del conflicto serán sustituidas por otras de índole cultural, ideológica o económica, prevaleciendo la primera, todo ello en un entorno geopolítico diferente.

En síntesis, la lucha entre el capitalismo, representado por los Estados Unidos de Norteamérica y el comunismo, encabezado por la ex Unión de Repúblicas Soviéticas Socialistas, por la supremacía, cuya resultante era un cierto equilibrio de fuerzas que daba cierta tranquilidad al resto de naciones, al desaparecer da inicio a una etapa de lucha y recomposición que ha sido llamada la Guerra Fría.

Las ideas dominantes de la Guerra Fría eran el choque entre el comunismo y el capitalismo, la no alineación por un lado y Perestroika por el otro. Sus tendencias demográficas eran el desplazamiento de personas del Este hacia el Oeste, para salvar lo "inhumano" de un sistema simbolizado en la Cortina de Hierro, el otro sistema pregonaba la libertad. Durante casi cuatro décadas el desplazamiento del Sur al Norte era un flujo más permanente. Su perspectiva sobre el planeta radicaba en un mundo dividido en el bando comunista, el capitalista y el neutral, en los que se encajonaban todas las naciones. Sus tecnologías y la medición de fuerza eran las armas nucleares y la segunda revolución industrial

Al tener un claro vencedor de la Guerra fría, con su propia cosmovisión y dinámica, la globalización vino a establecer una nueva era. Su rápida expansión reconfiguró la lógica de la dominación y, con ella, las relaciones exteriores y la geopolítica. Si la regla no escrita en la Guerra fría era que ninguna potencia traspasaría los límites para invadir el área de influencia de su contrincante, en aras del mercado la globalización la inmoló. En la globalización todo ocurre en función del mercado y éste **todo lo hace posible**.

La globalización fue responsable de aniquilar la carga ideológica de la Guerra Fría. Era claro que, si el tren estaba en marcha, más valía no quedarse abajo, así lo entendió Gorbachov al aplicar la Perestroika y la Glasnost. La reacción tardía dio el triunfo al mayor y más poderoso contrincante: los Estados Unidos de Norteamérica. El perdedor sólo mutó, se transformó, en la actualidad se recupera en otra arena: la económica; y con otro nombre: Rusia.

La dinámica de la globalización se expresa y es facilitada por la integración de los mercados, las naciones y la tecnología de la información y las telecomunicaciones en un grado nunca antes visto. Esta tecnología permite que, como nunca antes, individuos, empresas y /o naciones, se comuniquen con más rapidez, a mayor distancia, con mayor profundidad y a un menor costo. La reacción de quienes se han quedado fuera de la carrera es, paradójicamente, de rechazo y admiración.

Si bien es cierto que la Segunda Guerra Mundial devastó a la economía mundial y creó una línea divisoria en la historia de la humanidad, después de la Guerra sufren un cambio radical tanto los diferentes niveles de integración, como la configuración de los Estados nacionales, sus interrelaciones y la internacionalización de la política (Stubbs y Underhill, 1999). Ahora, las líneas divisorias las establece la globalización y divide en dos a los países: los inmersos en ella y los que se encuentran aislados.

La idea rectora de la globalización es la economía de libre mercado: cuanto más se permita dominar a las fuerzas del mercado, cuanto más apertura exista en la economía al libre comercio y propicie una mayor competencia, más eficiente y floreciente será. Subyacen también la idea de propagación del libre mercado a virtualmente todos los países del mundo y un conjunto de reglas que giran en torno a la apertura, desregulación y la privatización de la economía.

A diferencia de la Guerra Fría, la globalización tiende a homogeneizar la cultura. En otras épocas ésta se restringía a la región, como lo hizo la helenización del Cercano Oriente y del Mundo Mediterráneo bajo el dominio de los griegos; la Turquificación de Asia Central, África del Norte, Europa y Oriente Medio por los Otomanos; la rusificación de Europa Oriental y Central y partes de Eurasia, de los Soviéticos. Con la globalización la "americanización" de la cultura en una escala mundial es el signo del cambio, o para decirlo en términos de Fukuyama, es "el fin de la historia". El libre mercado impone una nueva aspiración a todos los pueblos que se dejan atrapar por sus encantos: sólo queda el "american way of life" como estilo de vida y como patrón cultural. Mucho contribuyen a este propósito ciertas tecnologías inherentes a la globalización: la informatización, la miniaturización, la digitalización, las comunicaciones satelitales, la fibra óptica y la Internet.

Si la Guerra Fría ponía el énfasis en la "división", la globalización lo pone en la "integración"; si el símbolo de la primera era el muro, el de la segunda es la red mundial de comunicaciones, que une a todos; si el documento típico de la Guerra Fría era el "Tratado", el de la Globalización es el "Trato"; si la medida de aquella era el "peso y alcance de los misiles", para ésta es la "velocidad del comercio, los viajes, las comunicaciones y la innovación"; si la Guerra Fría se basaba en la "ecuación de Einstein": la energía es igual a la masa por la velocidad de la luz al cuadrado, la de la globalización es la "Ley de Moore": el poder de computación de los chips de silicio se duplicará cada dieciocho o veinticuatro meses y su precio se reducirá a la mitad.

Durante la Guerra Fría, la pregunta más frecuente era: "¿Qué tamaño tiene su misil?", en la globalización es "¿Qué rapidez tiene su módem?". Del lado del comunismo, la economía se inspiró en los postulados marxistas; del lado del capitalismo el inspirador fue John Maynard Keynes. Los economistas de la globalización Joseph Schumpeter y el ex -director general de Internet Andy Grove, prefieren liberar el capitalismo.

Durante la Guerra Fría se echaba mano de la línea privada entre la Casa Blanca y el Kremlin, signo de división, pero donde dos potencias aseguraban el equilibrio; en la era de la globalización se acude a Internet, un símbolo de conexión, sin que nadie esté a cargo del proceso de comunicación. El sistema de defensa típico de la Guerra Fría era el radar, el de la globalización es la máquina de rayos X.

En la era de la Globalización la estructura de poder es mucho más compleja que la anterior debido a que los equilibrios operan en tres esferas: el tradicional entre naciones, el de los mercados globales y el de los individuos y las naciones. Por su relación sistémica, cada esfera afecta y es afectada por el resto incrementando la complejidad y el caos.

En este ir y venir, en la década pasada, la guerra fría aparentemente había terminado, con Obama vuelve a renacer y con Trump y su acercamiento a Rusia tendremos, otra vez, el final de la guerra fría.

CAPÍTULO II

EL LIBRE MERCADO

1. ANTECEDENTES.

Las acciones de Trump se orientan a destruir la forma en que opera el libre mercado.
Hay que diferenciar, por tanto, la globalización como un fenómeno que afecta todas las dimensiones de la vida social, y el globalismo como una ideología que busca legitimar el proyecto de dominación hegemónica a escala planetaria de determinados países y grupos particulares. O como dice Alain Touraine, constatar el aumento de los intercambios mundiales, el papel de las nuevas tecnologías y la multipolarización del sistema de producción es cosa; (pero) decir que la economía escapa y debe escapar a los controles políticos es otra muy distinta. Se sustituye (en este caso) una descripción exacta por una interpretación errónea e ideológicamente interesada, cuando se afirma y se propaga normativamente, que nada ni nadie debe controlar el proceso global del capital y que se deben despolitizar las redes económicas y financieras.

En un apartado anterior decíamos que la globalización se soporta y desarrolla en una economía de libre mercado reforzada durante y al terminar la Guerra fría, y que su base ideológica es el neoliberalismo y la ideología de éste es su oposición a la intervención del Estado en materia económica. Por ello la Guerra fría explica parcialmente sus orígenes. Este capítulo lo dedicaremos al análisis de los efectos del libre mercado. Partimos de la convicción de que muchos de los males que se le achacan a la globalización no provienen de ésta, sino del neoliberalismo, su primo cercano. En su práctica, el neoliberalismo siempre ha estado asociado con la integración económica. Su tesis es que el peor de los mercados es mejor para la economía que cualquier intervención del Estado. Con la aplicación de las ideas de Milton Friedman, los gobiernos elevaron a dogma sus directrices de política económica y los aplicaron desde los años ochenta. Desregulación del control estatal, liberalización del comercio y del flujo de capitales, así como privatización de las empresas públicas, han sido las armas estratégicas de los gobiernos que creen en el mercado y en las organizaciones económicas internacionales dirigidas por ellos, el Banco Mundial (BM), la Organización Mundial de Comercio (OMC), el Fondo Monetario Internacional (FMI), etc.

Durante la gran depresión algunoseconomistas criticaron los impedimentos institucionales para la libre regulación de los mercados.

El exceso de regulación y la intervención estatal se consideraron causas directas del desempleo, el estancamiento y la inestabilidad financiera. Algunos científicos sociales argumentaron que eso era natural en un sistema de "libre" mercado y que a la larga provocaría inestabilidad y/o estancamiento. Después de la segunda guerra mundial, las teorías keynesianas se convirtieron en el corazón de una importante revolución en la concepción del rol que el Estado y los mercados debían tomar para el desarrollo del capitalismo. Entonces se empezó a creer que una adecuada regulación del gobierno con políticas monetarias, de gasto público y fiscales promovería el pleno empleo y un crecimiento rápido y sostenido.

Sin duda no falta quien ha entendido mal los conceptos de Estado de bienestar y de globalización, ya que no se trata de que en tiempos de crisis todos se sacrifiquen pues la eliminación de beneficios sociales, el incremento de la productividad, y el descenso de los salarios reales, ya no son formas de luchar contra la crisis. Lo que hacen los reformadores a nombre de la globalización es más bien renunciar al contrato social no escrito de la República, para mantener la desigualdad dentro de ciertos límites mediante la redistribución de arriba abajo. El "Estado de bienestar", dicen, es demasiado caro si se le compara con su primo el ""Estado neoliberal". Los trabajadores despedidos en cualquier parte del mundo lo entienden muy bien. Es el *downsizing*, les dicen los directores de personal cuando los hacen firmar su renuncia/despido.

De Lisboa a Copenhague y de Canadá a Tierra del Fuego, se escucha la misma justificación: los países han estado viviendo por encima de sus posibilidades y se ejemplifica con países cuyos déficits fiscales los llevaron al colapso económico en la primera década de este siglo XXI: Grecia, Portugal, España e Irlanda. La receta del FMI y el Banco central Europeo ha sido la misma de siempre; una nueva ola de ahorro, reducción del gasto social y recortes de la burocracia.

Los mecanismos de mercado fueron tomados por legislaciones, regulaciones, acuerdos colectivos, sistemas fiscales y la reactivación de las funciones del banco central. Si bien hay que reconocer el impresionante récord del accionar del libre mercado --en términos de asignación y eficiencia estática de los recursos allí donde son necesarios (esto es generalmente admitido), y más aún, de eficiencia dinámica como generadora de innovación y creación de empleos, lo cual es frecuentemente inaceptado) --, también conviene reconocer que en la última década del Siglo pasado no se resolvieron los problemas de niveles de bienestar que planteaba el mundo. En la década la falta de regulación condujo a la más grande de todas las crisis de la era moderna. Aunque, en efecto, las acciones del libre mercado no están muy alejadas del concepto de Smith de "la mano invisible", formalizado posteriormente por la moderna teoría del equilibrio general, constituyen un sistema en el que cada radical o potencial disturbio social enfrentado puede, finalmente, canalizarse de forma positiva en la reestructuración básica de instituciones y organizaciones.

Ello ha despertado reminiscencias en torno a que "es preferible el peor de los Estados al mejor de los mercados", aunque los globalistas lo rechazan planteando que "el peor de los mercados es preferible al mejor de los Estados".

En la sociedad contemporánea, la visión del mercado omnipotente como mecanismo co-orientador tiene sus ventajas; pero entre sus desventajas está el riesgo de que bajen los niveles de bienestar y se ejemplifica con esta nueva crisis mundial como la Gran Crisis del 29. El sistema de mercado es realmente eficiente sólo cuando se lo incluye en un sistema de desarrollo del Estado, o de instituciones privadas, en el cual el gobierno juegue un papel regulador. En cualquier caso, un acuerdo colectivo es claramente necesario para implementar mecanismos de mercado. Creemos que en el futuro los mecanismos del libre mercado serán diferentes: tendrán importancia, pero no un rol exclusivo dentro de los modelos de regulación "emergentes". Los gobiernos del mundo desarrollado se darán cuenta de la necesidad de intervenir para cerrar la brecha entre los perdedores y los ganadores en la globalización.

En este siglo veintiuno muy probablemente habrá un genuino compromiso social y político con los mercados, con las redes de trabajo, con las asociaciones y comunidades locales, y una renovada intervención del gobierno. Esta es la tarea política prioritaria del gobierno que no puede ser sustituida por cualquier mecanismo de mercado, ya que éste es ciego y, generalmente, incapaz de conciliar su lógica con otras exigencias sociales que son cruciales en las economías modernas.

2. CONFIGURACIONES DEL MERCADO.

En el nivel de la simple comodidad, el mercado es una institución que coordina estrategias de muchas organizaciones competitivas inicialmente independientes, pero finalmente en interacción, a través de la formación del precio. Además, un libre mercado supone productos bien definidos, en aspectos como calidad y cantidad en transacciones repetitivas, regularmente organizadas y centralizadas o por lo menos compatibles con pequeños ajustes. En las economías existentes cualquier simple mercado se inserta en un complejo conjunto de otros mercados, organizaciones e instituciones.

Contrario con la idea de los mercados de competencia perfecta y pura, caracterizados por Adam Smith, elaborados por Alfred Marshall y generalizados por Leon Walras, la interacción entre un limitado número de comerciantes con desigual riqueza y poder en el mercado puede derivar en estructuras de mercado contrastantes.

Tanto las modernas economías industriales, como las micro organizaciones de cambio tecnológico e innovación, exhiben un espectro en la configuración del mercado: competencia, monopolio completo o parcial, cartel o coalición, oligopolio, mercados disputados, mercados perfectamente disputados, competencia pura y perfecta, monopolio completo o parcial, etc. y esta es únicamente una lista parcial de las formas de competencia. Así pues, la noción de economía de mercado como una única configuración es poco relevante y largamente contradictoria por la comparación internacional entre el norte y el sur, el este y el oeste. Así, un sistema económico, donde el mercado tiene un rol importante, debe caracterizarse por una definición cruzada entre varios factores:

1) La lista de instituciones, organismos, legislaciones y asociaciones que organizan el funcionamiento de varios mercados con descripciones detalladas de su responsabilidad, objetos, herramientas, o incentivos (Directores).
2) La serie de mercancías, proveedores y de demandantes, regulados por instituciones de mercados, en posible interacción con mecanismos de coordinación alternativos (Agentes).
3) La caracterización de las formas de competencia; de acuerdo al número de comerciantes, la distribución de los dominios, del poder de mercado, de posibles mecanismos de coordinación, y con objeto, por ejemplo, de resolver problemas de sobrecapacidad o para responder a sorpresivos y/o estructurales cambios.

El punto para los científicos sociales debería ser entonces fijar la variabilidad -y no tanto la eficiencia- de cada compleja jerarquización de los principios constitucionales, institucionales, esquemas de incentivos y organismos, ya que el mercado es incapaz de comerciar eficientemente con bienes colectivos como educación, salud, vivienda popular, parques y jardines, museos y el medio ambiente, por mencionar solamente algunos. Todo mundo desea que los bienes colectivos estén disponibles, pero nadie pagaría en lo individual para que existieran. Consecuentemente, los mecanismos de mercado deben ser reemplazados por otros co-ordenadores como, por ejemplo: regulaciones, requerimientos, organizaciones civiles, delegaciones proveedoras del servicio. Consecuentemente, el mercado fracasa con relación a su inhabilidad para distribuir bienes públicos llevando al Estado u organizaciones privadas a su intervención, la cual sin embargo se enfrenta a muchas otras clases de fracasos.

3. EL CAPITALISMO SALVAJE.

A finales del Siglo XX nace una clase nueva de economía de libre mercado alrededor del globo y sus consecuencias económicas y sociales podrían estar generando una serie de resultados negativos. Se advierte que el libre mercado ha ido creciendo hasta convertirse en un tobogán. Los índices de pobreza están aumentando y continuarán haciéndolo en las regiones más pobres del planeta. Igual ocurre con los índices de criminalidad y de desempleo, especialmente en los países en vías de desarrollo, que carecen de los sistemas políticos y legales con que cuentan los Estados desarrollados. A esta economía descontrolada, con consecuencias extremadamente negativas para los países que no pueden oponérsele, le llamaremos "capitalismo salvaje".

A diferencia de la economía de libre mercado --controlada y considerada benigna-- que imperó desde la década 40"s hasta la de los 90"s, este nuevo capitalismo está generando un trastorno social tremendo, al permitir que la brecha de desigualdad en la distribución de los ingresos entre las diversas clases sociales se ensanche.

Más allá del creciente interés que despierta el discurso sobre la globalización, hay ejemplos de los efectos dañinos del capitalismo inherente a la misma. Ahí está el desempleo masivo involuntario de la década anterior en empresas como la Boeing, General Motors, Chrysler, American Airlines, City Corp, etc., mientras los sueldos de los altos ejecutivos se incrementaban de manera desorbitada.

Hoy se paga el precio de la ineficiencia y son estas compañías norteamericanas, precisamente, con sus problemas económicos las que hoy trastocan las bases de las economías nacionales donde se asientan las grandes empresas ensambladoras.

Es pueril el argumento de que con tecnología avanzada se logrará el rescate de miles de trabajos nuevos para el personal, tanto obrero como el de cuello blanco. Estas esperanzas se han llamado "El espejismo de Microsoft". El capitalismo salvaje despierta preguntas importantes para líderes de empresas y negocios. Este pensamiento es una crítica rigurosa de un sistema que nace y evoluciona, pero que a la vez puede contener desplomes de la misma magnitud en la medida de sus excesos, el año 2009 fue testigo de la caída más abrupta y brutal del neoliberalismo.

Sabemos de sobra de las apelaciones fundamentales del mercado, la innovación, el entusiasmo, el cambio constante. El dios del mercado que celebra las glorias del capitalismo salvaje toma las bases de Adam Smith, quien llenó su trabajo con excepciones, exclusiones y reservaciones a la regla que del libre mercado que lleva hasta el máximo el bienestar común. En cuanto al mercado específico del comercio libre entre países- una religión verdadera por la flor y nata de la decisión americana y británicas. Hay un resultado del capitalismo salvaje que no se puede censurar en cualquier otra cosa; la gran inestabilidad de empresas y trabajo es mucho más que la economía del fluido, igual que en otros tiempos de gran prosperidad, tal inestabilidad causó por el acelerado cambio estructural esa desregulación, dejando por otro lado cambios tecnológicos y la promoción de la reglamentación. Cada día de la semana, empresas grandes y pequeñas se unen a economías de balanza y eliminan duplicación de empleados de la oficina principal.

El capitalismo salvaje ha estado barriendo el mundo desde la década de los 70"s, y que ha resultado de ganancias espectaculares en la productividad por la revolución que ha causado el uso de la computadora, y ha hecho a muchas personas muy ricas. ¿Pero ha sido una cosa buena para la sociedad en total?, esta es la pregunta debatida y que compromete a este capitalismo. Si esas ganancias espectaculares no se invierten en la economía real, la burbuja especulativa tarde o temprano se reventará, y eso es lo que está aconteciendo en nuestros días. El resultado es que no solamente los grandes especuladores perderán su riqueza sino que el efecto dominó en los países globalizados sufrirán los embates de la crisis. Eso lo veremos en el año 2012, y está demasiado cerca como para tener tiempo para evitar el efecto dominó.

En esta crisis financiera y económica quedan expuestos de manera incisiva y polémica los efectos escondidos del mercado libre actual, la empresa privada es liberada de la regulación del gobierno, de los sindicatos efectivos, que concierne para empleados o comunidades, y de las restricciones de impuestos o inversión. Los ganadores en esta libertad se convierten en más ricos, mientras los perdedores llegan a ser más pobres.

Dirigido por los Estados Unidos, seguido de cerca por Japón, Alemania y Gran Bretaña, el capitalismo salvaje se esparce rápidamente a través de Europa, Asia, y el resto del mundo. Es un sistema legal poderoso y las órdenes rigurosas de un calvinismo americano y las causas que generan injusticias, el descontento y la ansiedad que pueden resultar como consecuencia de ello. Pero también, de la misma manera, la crisis norteamericana se expandirá en esos países.

La gran equivocación fue tomar al libre comercio como el destino final, sin desviaciones ni cauces de salida. Pero, aunque es claro que los cambios pueden ocurrir rápidamente, será difícil para directores y empleados prepararse para su adaptación a un mundo en crisis. No existe un aumento rápido en la instrucción a trabajadores de conocimiento; el cambio lleva generaciones. Si se permite el capitalismo salvaje a sociedades anticipadas a los cambios existirá una pequeña elite de ganadores, una masa de perdedores variará de la opulencia a la pobreza. Dejar que se desintegren sociedades en una crisis donde la flor y nata de pequeños ganadores navega en el barco de la abundancia mientras que una gran masa de perdedores cae al abismo de la pobreza, es algo a lo que debemos rebelarnos.

Una forma de protegernos es a través de las alanzas estratégicas entre países con nuevas agrupaciones regionales y nuevas perspectivas para promover las políticas al interior de los países como lo hacen ya los países del medio y lejano oriente. Amin y Thrift describen los beneficios de alianzas y los clústeres y la forma como estos procesos se mueven para materializar los sistemas complejos de integración económica regional. Pero resistirse al cambio pensando en sus eficiencias destructivas en una economía competitiva de primer mundo puede resultar sólo en un improvisado progreso para una nación en total, donde tristemente se menguan las perspectivas para jóvenes quienes son el dilema magnífico de nuestros tiempos. No están encontrando empleo y les será difícil encontrarlo en el futuro.

En el capitalismo salvaje, se advierte que el libre mercado ha ido mejorando pero se evita la intervención coherente, unida, armoniosa y lista por parte de los gobiernos. A lo más, hay un enlace entre los bancos centrales, pero ellos sólo controlan la norma monetaria, así que tenemos una contradicción aquí: tenemos un sistema financiero y una economía sin mecanismos de control, por lo tanto, un choque de trenes es algo que se dará tarde o temprano...al tiempo.

Sin embargo, también en todo el mundo se levanta la voz contra esta tendencia y los defensores del Estado de bienestar luchan en una guerra perdida contra el neoliberalismo, aun cuando muchos de los argumentos de los neoliberales son falsos. El resultado último es el recorte de los gastos del Estado en desarrollo social, descenso de los salarios y prestaciones sociales: el programa neoliberal es esencialmente el mismo desde España hasta Italia y en toda América Latina.

En un movimiento global de pinza, el capitalismo salvaje desquicia Estados enteros y su actual ordenamiento social. La amenaza de buscar mejores lugares le abre las apuestas a los subsidios a las empresas, esos subsidios que se le han negado a los trabajadores va al eslabón más fuerte de la cadena en lugar de apoyar al eslabón más débil.

Las palabras de los portaestandartes del neoliberalismo hacen creer que todo esto es un proceso natural, resultado de un incesante progreso técnico y económico. Además de ilógico, es absurdo, dado que es un proceso diseñado y aplicado por el hombre, los políticos han aprobado las leyes de la desregulación y han creado ese estado de cosas que ya no pueden controlar.

Hemos pasado del sueño de la dictadura del proletariado al de la dictadura del libre mercado mundial. En el proceso de instauración del nuevo dios se destruyen los fundamentos del libre mercado: un Estado capaz de funcionar y una estabilidad democrática.

Esta orientación ha divido a los países en unos pocos ganadores y una mayoría de perdedores. Ese proceso que elimina las clases sociales para sólo dejar dos bandos: ganadores y perdedores del proceso global.

El libre mercado, como se nos recuerda con frecuencia, es el sistema económico de mayor éxito que se haya creado jamás. "La economía de libre mercado ha venido a dominar las economías del mundo puesto que ningún otro sistema ha podido generar crecimiento económico a largo plazo en los doscientos años transcurridos desde comienzos de la revolución industrial", dice Thurow. Esto no lo discutimos.

La economía de libre mercado es, o debería ser, sinónimo de democracia económica, puesto que la libertad de empresa, cuando funciona bien, ofrece a todos oportunidades económicas. La virtud espiritual de la justicia, la estructura espiritual de la democracia y el flujo espiritual de la abundancia son los ingredientes fundamentales del condimento secreto de la empresa libre.

La crítica se enfoca a los defensores de la globalización que les encanta "hablar de comercio libre para referirse a todo este proceso, pero lo que realmente quieren decir es libertad para las empresas globales y supresión de las libertades de las comunidades o naciones para regular o, si no, mantener unos valores fundamentales, como el medio ambiente, la salud, la cultura, los puestos de trabajo, la soberanía nacional y la democracia". (Mander, Cavanagh et al, 2003, p37)

Existen al menos tres razones importantes por las cuales la economía de libre mercado con su enfoque neoliberal va a sufrir un cambio definitivo: Primero, la creciente espiritualidad crítica y el también creciente involucramiento de los individuos y de las ONGs en los problemas comunitarios, habiendo llegado a constituirse en una masa crítica, que se está convirtiendo en corporativa; segundo, la crisis del neoliberalismo exige una nueva ideología. Estas dos tendencias, el poder del espíritu crítico y el surgimiento del capitalismo humanista o consciente, están convergiendo para transformar la libre empresa, pero podrían no triunfar sin un factor adicional; tercero, la cambio dramático en la demografía de las empresas.

Con estos tres factores entrelazados, en Europa, África, Estados Unidos, Canadá y prácticamente en toda América Latina, gana impulso la búsqueda de una economía de libre mercado más humana, esto es, que contenga valores que propicien el desarrollo de los individuos y de las sociedades, que tome en cuenta a los marginados, con fuertes bases de integridad, honradez y administración austera, lo mismo que con las más altas normas sociales y ambientales. Las acciones de ONGs están despertando la conciencia, renovando la esperanza y disponiendo el escenario para que la libre empresa pueda evolucionar a una nueva etapa. Para todos los involucrados en este movimiento los resultados están a la vista, se está dando a luz una nueva y más sabia versión de la economía de libre mercado, que intenta reconciliar las utilidades con los valores más apreciados socialmente, y ya se ven señales de progreso en todos los ámbitos derivados de una cruzada popular, descentralizada, de ancha base, para curar los excesos del sistema neoliberal con valores humanos trascendentales.

La percepción creciente es que el desarrollo económico del mundo en el futuro puede estancarse o puede incrementarse con el concurso de empresas multinacionales que impulsen la innovación y la competitividad en países como China, Brasil, India, Rusia, México y Sudáfrica. Cualquiera de estos dos escenarios es posible, sin embargo, cuál de ellos ocurrirá será "determinado primariamente por un factor: la voluntad de las grandes multinacionales de entrar e invertir en los mercados más pobres del mundo" (Prahalad y Hammond, 2003, P3)

Con respecto a la aparición de la organización socialmente responsable, para algunos ésta representa "la adopción de una nueva perspectiva de política corporativa y una nueva forma de pensar acerca de la ética en los negocios…la empresa como una entidad orgánica intrincadamente coherente afecta y se ve afectada por su entorno, siendo apropiadamente adaptativa a las demandas de conducta responsable como del servicio económico" (Goodpaster y Matthews, 2003, P146).

La responsabilidad que se les asigna ahora a las empresas es tal que "en el Japón de nuestros días, muy pocos políticos, son capaces de resolver problemas globales. El manto de liderazgo ha recaído en los hombros de las empresas" (Kaku, 2003, 117)

En la mayoría de los países el enfoque de la gestión empresarial supone un nuevo modelo de gobierno de las externalidades empresariales en lo económico, social y medioambiental, como respuesta a la creciente atención pública y a las demandas por parte de la sociedad civil respecto al impacto de la actividad empresarial sobre la sociedad y el medio ambiente. Este enfoque canaliza las demandas sociales de nuevas prácticas empresariales articulándolas a través de mercados de producto (consumo responsable) o de capitales (inversión socialmente responsable) (Benbeniste y otros, 2004, p4) en lugar de intermediarias a través del Estado.

Estas preguntas se han ido aclarando conforme ha ido avanzando el Pacto Mundial. Cuando aún estaba dando sus primeros pasos, las duras protestas en contra de la cumbre de la Organización Mundial del Comercio en Seattle volvieron a poner sobre la mesa el tema de los desequilibrios de la globalización y su relación con el mundo empresarial. El episodio de Seattle justificó aún más el nuevo vínculo entre Naciones Unidas y la Responsabilidad Social Empresarial. Las empresas no sólo debían comportarse de manera ciudadana sino vincularse con una ciudadanía global.

Seattle también inspiró la decisión de incorporar a las ONGs y a los sindicatos en el Pacto Mundial. En el año 2000, la agenda propuesta por la Declaración del Milenio, a través de los Objetivos de Desarrollo, constituyó una nueva oportunidad de ligar el trabajo realizado con las empresas a la agenda de desarrollo global. La inclusión de una visión integral del desarrollo, así como de tal variedad de actores a nivel mundial le imprimió muy rápido un carácter único al Pacto.

Es previsible que las personas de los diferentes países tomen decisiones distintas. El interés internacional ha de reducirse a garantizar que tales decisiones se tomen democráticamente, que las relaciones económicas entre los países sean justas y equilibradas, y que cada economía nacional esté segura frente a las intervenciones predadoras de naciones y empresas extranjeras (Mander, Cavanagh et al, 2003, p23)

Por otro lado, el hecho de que la adhesión fuera voluntaria y no supusiera un proceso de certificación, animó a muchas empresas a apoyar la iniciativa, ya que el Pacto Mundial está basado en la confianza, el autodiagnóstico y la autorregulación.

Las empresas que se adhieren deben estar convencidas de la utilidad de los 10 principios para su competitividad y viabilidad y, por eso, no se les fiscaliza directamente. Su compromiso es ante la sociedad y los mercados, por lo que son ellos quienes deben de exigir el cumplimiento del Pacto Mundial.

Mientras tanto, a nivel de cada país, el Pacto Mundial ha buscado nuevos socios y empezado a proponer plataformas de servicios para apoyar a las empresas en la implementación de los 10 principios. El respaldo es más que nada de asesoría técnica dejando a las adheridas la imaginación para buscar soluciones creativas a sus problemas.

Las empresas globales tienen muchas menos oportunidades si las poblaciones locales o los países pueden satisfacer sus necesidades interna o regionalmente que si la actividad económica se diseña para poderla desarrollar a través de los océanos, exportarla, importarla, o recomponerla de nuevo para exportarla otra vez, con miles de barcos que se utilizan todas las noches. Así se "construye el crecimiento económico mundial, y se abren oportunidades para las actividades corporativas globales. Pero, ¡ay!, también así se destruye más deprisa el medio ambiente, y hace que los países dependan de unas fuerzas externas que no pueden controlar" (Mander, Cavanagh et al, 2003, 41-42).

Pero a ese mar se le enfrenta el dique que Trump quiere construir. Cerrar las fronteras a las exportaciones para que sea Estados Unidos el que produzca los bienes y servicios para su sociedad, es la visión más miope e ignorante que hemos visto en el siglo XXI.

La Casa Blanca primero pareció decir que impondría aranceles del 20 por ciento a las importaciones de México, después dijeron que era solo una idea para luego olvidarse del tema, al menos por ahora. La historia de los aranceles es un epítome del patrón que, según Krugman, estamos viendo en este gobierno caótico de Trump: un patrón de disfunción, ignorancia, incompetencia y traición de la confianza.

La historia, como mucho de lo que ha sucedido últimamente, parece haber iniciado con el ego inseguro del presidente Trump: la gente se mofa de él porque México no pagará el muro inútil a lo largo de la frontera, tal como él prometió durante la campaña. Y así fue como su vocero, Sean Spicer, apareció ante los medios y declaró que el impuesto fronterizo a los productos mexicanos, de hecho, financiaría el muro. ¡Ahí tienen!

Sin embargo, como se apresuraron a señalar los economistas, el exportador no es quien paga los aranceles. Con algunas reservas menores, en esencia, son los compradores quienes los pagan, es decir, un arancel impuesto a los productos mexicanos sería un impuesto a los consumidores estadounidenses. Por ende, quien acabaría pagando el muro sería Estados Unidos, y no México.

No obstante, ese no era el único problema. Estados Unidos forma parte de un sistema de acuerdos —un sistema que construimos nosotros— que establece reglas para las políticas comerciales y una de las reglas clave es que los aranceles que se había acordado disminuir en las negociaciones previas no se pueden elevar unilateralmente.

Si a Estados Unidos se le ocurriera romper esta regla, las consecuencias serían graves. El riesgo no tendría tanto que ver con las represalias, aunque también está eso, sino con la imitación: si despreciamos las reglas, los demás harán lo mismo.

El sistema de comercio en su totalidad podría comenzar a desbaratarse, con efectos tremendamente perturbadores en todos lados, incluyendo, en gran medida, la manufactura estadounidense. ¿De verdad la Casa Blanca planea tomar ese camino? Al concentrarse en las importaciones de México, Spicer dio esa impresión; sin embargo, también dijo que estaba hablando sobre "una reforma fiscal integral cuya finalidad era cobrar impuestos a las importaciones de países con los que tenemos un déficit comercial".

Esta pareció ser una referencia a un ajuste propuesto a los impuestos corporativos, que incluiría "impuestos fronterizos ajustables".

La cosa es que ese ajuste no tendría para nada los efectos que él sugirió. No estaría dirigido a los países con los que Estados Unido tiene déficits, y no hablo solo de México; también aplicaría a todo el comercio. Y no se trataría en realidad de un impuesto a las importaciones.

El cambio propuesto a los impuestos corporativos, aunque en cierto sentido difiere del impuesto al valor agregado, tendría, de igual modo, un efecto neutral en el comercio. Esto quiere decir en específico que, si algo no lograría, es hacer que México pague el muro.

Pero ¿no se supone que el gobierno estadounidense entendería bien las cosas antes de lanzar lo que suena como una declaración de guerra comercial?

En resumen: para Krugman, el secretario de Prensa de la Casa Blanca dio lugar a una crisis diplomática al intentar proteger al presidente de hacer el ridículo en cuanto a su fanfarronería, hecha tan a la ligera. En el proceso, demostró que nadie con autoridad sabe de economía básica. Después trató de recular en todo lo que dijo.

Todo esto debería interpretarse en el más amplio contexto de la credibilidad en picada de Estados Unidos.

CAPÍTULO III

1. AUTONOMÍA Y CONTROL.

Como el control, la autonomía o independencia política empieza a adquirir significado cuando la describimos dentro de un contexto. De poco sirve tratar la autonomía política como si fuera un bien Universal o una propiedad física de todos los seres humanos. Como el control, la autonomía siempre implica una relación entre actores específicos, o sea, es una relación bivalente. Por otra parte, estudiemos de manera general el poder. El poder está presente o está ausente. Si está presente es total.

Ahra bien, interpretar el control, el poder o la autoridad como consistentes sólo de dominación y sujeción, obstaculiza nuestra comprensión del mundo y sus posibilidades. En ésta perspectiva, el mundo sólo nos ofrece tres posibilidades para la existencia social: dominar, ser dominado o retirarse a un aislamiento absoluto. Dado que lo último difícilmente es posible y ciertamente es indeseable, las opciones se reducen a la dominación y a la sujeción.

Se nos niega para siempre la posibilidad de controles mutuos, que parecen ofrecer la principal esperanza para los sistemas humanos de autoridad. Una cosa es pensar que la autonomía y el control varían en magnitud, como el ingreso y la riqueza, en un rango indefinidamente amplio de valores y otra muy distinta describir las relaciones concretas de control.

Si un sistema puede definirse como pluralista cuando cualquier organización posea alguna autonomía política, entonces, no todos los sistemas políticos son pluralistas. El modelo totalitario es, después de todo una mera abstracción; en la práctica, probablemente ningún régimen ha privado a todas las organizaciones de toda su independencia en todos los campos. Si calificar como pluralista la existencia de organizaciones independientes en un sistema, entonces ningún régimen puede llegar a ser descrito como pluralista.

En todos los países democráticos las principales instituciones del gobierno, son, en sentidos importantes, independientes entre sí. Aun cuando la Legislatura y el jefe del Ejecutivo son probablemente más independientes entre sí en países donde la doctrina de separación de poderes está consagrada explícitamente; en la teoría y práctica constitucionales, existe cierta independencia entre las principales instituciones del gobierno nacional en todos los países democráticos hoy en día. Si bien la autonomía de los Estados, provincias, regiones o municipios es sin duda mayor en países con constituciones federales, en todos los países democráticos los gobiernos locales son, en la práctica, armas burocráticas del gobierno nacional.

En una interacción de maneras complejas con las organizaciones gubernamentales, se encuentran una variedad de asociaciones políticas, particularmente partidos políticos y grupos de interés. Desde una perspectiva histórica o comparativa, la pretensión de que el orden político debería permitir la existencia de partidos políticos y grupos de interés independientemente ha sido mucho más rechazada que aceptada.

Las organizaciones económicas, principalmente las empresas mercantiles y los sindicatos, también están profundamente implicadas en el problema de la autonomía y el control. Su autonomía es al mismo tiempo un valor, un hecho y una fuente de daño. En todos los países democráticos las empresas mercantiles toman decisiones importantes que usualmente no están plenamente controladas por los funcionarios gubernamentales; incluso las empresas propiedad del Estado usualmente gozan de una medida significativa de autonomía en relación con el parlamento, el gabinete y las burocracias centrales.

Probablemente nadie negaría que sus acciones algunas veces sean dañinas. En consecuencia, su autonomía se ha enfrentado a una oposición constante. Aun cuando los socialistas y otros críticos de las empresas han sostenido frecuentemente que el daño podría minimizarse con un mayor control del Estado, en años recientes más y más defensores del Socialismo democrático han concluido que el socialismo centralizado del Estado tiende, no sólo a ser ineficiente, sino también a ser inhumano y antidemocrático.

Aun cuando los patrones usualmente prevén serios daños a resultas de las huelgas, no pueden impedir que sus trabajadores organizados estallen una huelga. Incluso los gobiernos frecuentemente se encuentran sin el poder suficiente para impedir que los sindicatos se embarquen en huelgas y negocien contratos contrarios a la política gubernamental.

Los primeros pluralistas en materia legal subrayaron que las asociaciones son esenciales a las necesidades humanas por la sociabilidad, intimidad, afectos, amistad, amor, confianza y fe para el crecimiento, individual, para la integridad personal y la socialización dentro de las normas de una comunidad; para la preservación y transmisión de la cultura.

En los grandes sistemas políticos las organizaciones independientes contribuyen a impedir la dominación y a crear un control mutuo. La principal alternativa al control mutuo en el gobierno del Estado es la jerarquía. Gobernar un sistema tan grande como un país, exclusivamente a través de la jerarquía, es invitar a la dominación de parte de quienes controlan el gobierno del Estado.

Las organizaciones independientes ayudan a refrenar a la jerarquía y la dominación. Aunque ésta conclusión puede parecer obvia, está en contraposición con la posición de los teóricos sociales que sostienen que la dominación es inevitable.

En el marxismo clásico, una sociedad burguesa está dominada necesariamente por una minoría que consiste de una clase capitalista explotadora. Sin embargo, en ésta posición la dominación no es inherente a la existencia social, sino que está destinada a ser superada por la libertad y la reciprocidad cuando el capitalismo sea sustituido por el socialismo.

Las teorías del régimen de las élites desarrolladas por Pareto, Mosca y Michels son aún más pesimistas. Desde su punto de vista, la dominación por parte de una minoría es inherente a una sociedad a gran escala. Así éste trío de teóricos de élite, transformaron el profundo optimismo de Marx en un pesimismo igualmente profundo. Las posiciones de la dominación como las que se encuentran en el marxismo clásico y en la teoría italiana de la élite, ciertamente tienen razón al subrayar la fuerza y la universalidad de las tendencias hacia la dominación.

Donde estas posiciones se equivocan es al subestimar la fuerza de las tendencias hacia la autonomía política y el control mutuo. A través de la historia, se han desarrollado organizaciones relativamente autónomas alrededor de ciertas situaciones humanas universales, que generan experiencias, identificaciones y valores comunes. Los nexos familiares, la lengua, el lugar de nacimiento, el lugar de residencia, la religión, la ocupación, todo estimula un impulso hacia la organización y la independencia. Junto a la famosa ley de hierro de Michels de la oligarquía - "Quién dice organización dice oligarquía" - está otra: Cada organización desarrolla un impulso hacia su propia independencia.

Las dos tendencias universales se mezclan y en la aleación la ley de la oligarquía se dobla más fácilmente. La dominación siempre requiere del control. Así, el control es siempre costoso en cierto sentido para el gobernante. Por tanto, los gobernantes tienen que decidir si el juego de la dominación vale la pena. En el proceso de globalización la dominación y el control se desplazan lentamente del estado hacia el mercado.

2. GOBERNABILIDAD Y ECONOMÍA MUNDIAL

No puede haber duda de que esta era política puede concebirse casi exclusivamente desde el punto de vista de una bola de billar que pasa, como un proceso de interacciones externas dentro de la nación. La política llega a ser más policéntrica, con Estados meramente en un nivel de un sistema complejo que intenta sobreponerse y frecuentemente compite con otras agencias por la gobernabilidad. Por esto es probable que la complejidad de esta autoridad súper impuesta, a ambos territorial y funcionalmente, venga pronto a rivalizar con el Estado de la Edad Media. Pero esta complejidad y multiplicidad de niveles y de tipos de gobierno implica una retórica de globalización distinta para el Estado.

Deberíamos aclarar nuevamente este asunto. Que el punto de control de la actividad económica en uno más integro que la internacionalización económica: la gobernabilidad y no simplemente de los papeles continuos de gobiernos. Los Estados soberanos sostuvieron como su aspecto distintivo el derecho de determinar cómo sé regía cualquier actividad dentro de su territorio, o para desempeñar la función de sí mismos o para colocar los límites de otras agencias. Ellos sostuvieron como monopolio la función de gobernar. De aquí en adelante la tendencia en el uso común para identificar al gobierno como término con esas instituciones de Estado que controla y regulan la vida de una comunidad territorial. La gobernabilidad (que es el control de una actividad por algunos medios tal que una gama de resultados deseados se logre) es, sin embargo, no simplemente una acción de la provincia del Estado. Más bien es una función que puede ser desempeñada por una variedad amplia de instituciones y prácticas, públicas y privadas, estatal, nacional e internacional.

La analogía con la Edad Media es la mejor metáfora, aunque de alguna manera está lejos de ser idónea. No vemos al mundo como la Edad Media y antes del desarrollo de la soberanía nacional. Esto no es simplemente porque los Estados nacionales y el control soberano de los pueblos persisten.

El alcance y el papel de formas de gobernabilidad son radicalmente diferentes hoy, y esto tiene implicaciones distintas para la arquitectura del gobierno. En la Edad Media la coexistencia paralela, compitiendo y sobreponiendo autoridades era posible, y conflictiva, porque las economías y las sociedades estaban menos integradas. La interdependencia económica y el grado de división del trabajo eran relativamente pequeños, considerando hoy que comunidades enteras dependen para su misma existencia de la integración y coordinación de las distintas y frecuentemente remotas actividades. Pueden comercializar y no solo proveer tal interconexión y coordinación, o sea que ellos pueden hacerlo únicamente si se rigen adecuadamente y si los derechos y las expectativas de los participantes distantes se aseguran y mantienen.

De aquí en adelante las facultades para gobernar no pueden simplemente proliferar y competir. Las funciones y diferentes niveles de las necesidades de gobernabilidad se unen en una división de control que mantiene la división del trabajo. Sí esto no sucede entonces el poder inescrupuloso explota y el poder desafortunadamente cae en las brechas entre las diferentes dimensiones y agencias de gobierno. La necesidad de estar suturada se logra en un sistema relativamente bien integrado. Sí esto no sucede entonces estas brechas conducirán a la corrosión del gobierno a cada nivel. El punto en juego es, si tal sistema coherente se desarrollará, y tomará la prioridad sobre la pregunta de sí la gobernabilidad internacional puede ser democrática (tan enérgicamente argumentada por Held en 1991, por ejemplo).

Pero versiones simplistas de la tesis de globalización no ayudan a resolverlo porque se induce al fatalismo sobre la capacidad de las agencias claves para promover estrategias nacionales coherentes. Ese fatalismo lleva a la inacción.

El Estado es central en este proceso de suturar las políticas y prácticas con el poder distribuido hacia arriba en el ámbito internacional y descendiendo a sub-agencias nacionales con las suturas que retendrán el sistema de gobernabilidad unido. Sin tales políticas explícitas las brechas cercanas en la gobernabilidad y elaboración de una división de regulación en el trabajo; y las capacidades vitales para el control se perderán. La autoridad puede ahora ser plural dentro de sí y entre Estados, mejor que nacionalmente centralizada, pero para ser efectivo debe ser estructurado por un elemento de diseño en una arquitectura relativamente coherente de instituciones. La visión de la globalización más simplista la niega, porque se cree que la economía mundial es díscola, los mercados volátiles y determinados por intereses divergentes, y por lo tanto que ningún elemento de diseño es posible, o porque ellos ven el mercado como un mecanismo de coordinación que por sí mismo haga cualquier intento de una arquitectura institucional para regir lo innecesario. Desde su visión, el mercado es un sustituto del gobierno porque tiene lo necesario para ser un modo satisfactorio de gobernabilidad: produce los resultados óptimos cuando sus trabajos son menos impedidos por una regulación institucional extraña.

3. LA NUEVA SOBERANÍA.

Sí tales mecanismos de gobierno internacional y de regulación están listos para ser iniciados entonces el papel de los países es el cambio. Los Estados deberían verse no más como entes gobernando facultades, capaces de imponer los resultados sobre todas las dimensiones de la política dentro de un territorio determinado por su autoridad propia, sino como sabedores de cómo las formas de gobierno pueden ser propositivas para enfrentar la globalización, y ser legítimos y controladores.

Los Estados permanecen soberanos, no en el sentido que ellos son todo poderosos u omnicompetentes dentro de sus territorios, sino porque ellos son los policías de las fronteras del territorio y, al grado que son creíbles y democráticos, son representativos de los ciudadanos dentro de esas fronteras. Los regímenes reguladores, agencias internacionales, las políticas comunes sancionadas por el tratado, todos vienen en la existencia porque los Estados nacionales importantes han acordado crearlos para conferir legitimidad sobre ellos para fortalecer su soberanía. La soberanía es inalienable e indivisible, pero los Estados adquieren nuevos papeles de igualdad al ceder poder: en particular, ellos van a tener la función de legitimar y apoyar las autoridades que ellos han creado para tales subsidios de soberanía. Sí la soberanía es de importancia decisiva ahora como un aspecto distintivo del Estado, es porque tiene el papel de una fuente de legitimidad en que el poder transferido o sancionado tiene nuevas alturas y nuevas y mayores facultades.

Los Estados nacionales tienen todavía una mayor importancia central porque son los profesionales claves del arte de gobierno, como proceso de distribución del poder al ordenar otros niveles de gobierno para darles forma y legitimidad. El Estado pueden hacer esto de una forma que ninguna otra agencia gubernamental puede: son los pivotes entre las agencias internacionales porque proveen legitimidad como la voz privativa atada a un territorio nacional, adicionalmente también puede practicar el arte de gobernar como un proceso de poder distribuidor único sí pueden presentar credibilidad en sus decisiones y, así, tener la legitimidad del apoyo popular.

En un sistema de gobierno en que agencias internacionales y cuerpos reguladores son ya importantes y crecen en alcance, los Estados nacionales son las agencias cruciales de la representación mundial. Los Estados aseguran que, en cierto grado, los cuerpos internacionales serán responsables de los puestos públicos claves de mundo, y que las decisiones respaldadas por los Estados importantes pueden ser impuestos por agencias internacionales porque ellos serán reforzados por leyes domésticas y por el poder estatal local. Paradójicamente, en el grado en el que la economía se internacionaliza (pero sin globalizarse) reincorpora la necesidad del Estado, no en su tradicional apariencia como el poder soberano único, sino como un reemplazo crucial entre los niveles internacionales de gobernabilidad al articularlos públicamente. Hemos discutido la tenacidad de la nación afirmando primeramente desde el punto de vista de su papel dentro de un sistema de gobierno internacional.

Hay, sin embargo, otra razón para argumentar que el Estado persistirá como una forma importante de organización política, una razón estrechamente conectada con la tradición central que exalta la soberanía: esta es la fuente primaria de las reglas obligatorias (ley) dentro de un territorio determinado.

Este papel del Estado como monopolio hacedor de leyes se conectó estrechamente con el desarrollo de un monopolio de los medios de violencia y con el desarrollo de un sistema coherente de administración que provee los medios principales de gobierno dentro de un territorio. Hoy, sin embargo, ante este papel de sostener el imperio de la ley es relativamente independiente de esos otros elementos en el proceso histórico de la formación del Estado moderno.

Para resumir el argumento por adelantado: los Estados como las fuentes del imperio de la ley son requisitos previos esenciales para la regulación mediante la ley internacional y ellos están cubriendo las facultades públicas, las necesidades de la supervivencia de sociedades nacionales plurales con formas diversificadas de administración y normas comunitarias.

Los Estados han sido encarados: por un lado, se reta a los centros de decisión sustantiva y las facultades administrativas, y sobre el otro las fuentes de reglas que limitan sus propias acciones y las de sus ciudadanos. Un aspecto del Estado es sustantivo y el resultado orientado, a una materia de decisión política y a la implementación de tales decisiones mediante la administración; el otro aspecto es procesal y concierne al papel del Estado como regulador de acción social en un amplísimo sentido de reglas como guías de la acción y de ordenación constitucional entre los reclamos competentes de ciudadanos y entidades corporativas.

Sí nos movemos en un sistema social y político más complejo y plural entonces la voluntad del imperio de la ley llega a ser más importante. Aún más que en la esfera de la regulación administrativa, las brechas entre jurisdicciones son mortales a la certeza y la seguridad necesaria para los actores en una sociedad comercial, para que no se permitan las inescrupulosas evasiones de sus propias obligaciones y el infringir los derechos de terceros. Por ejemplo, asilos impositivos, banderas de conveniencia, terrenos de descarga para la contaminación, etc. todos permiten a los actores económicos mundiales avanzados evitar las primeras obligaciones mundiales.

Un mundo compuesto de fuerzas políticas diversas, agencias gubernamentales, y las organizaciones en ambos niveles, internacionales y nacionales, necesitarán de una red de enclaves y facultades públicas que regule y oriente la acción en una manera relativamente uniforme, proveyendo normas mínimas de conducción y desagravios de los daños.

En una sociedad, individualista y plural donde hay pocas normas comunes, los Estados no necesariamente serán capaces de arreglar totalmente los conflictos y problemas múltiples que provienen desde las crecientes sociedades pluralistas modernas: más bien sostenemos que sin un poder público que medie entre estos grupos plurales mediante el imperio de la ley, la fuerza de los conflictos llegará a ser inaguantable (Hirst, 1993). En un sentido la declinación de la guerra como una fuente de cohesión nacional, y el papel del Estado como un gerente económico, reduce el poder y los reclamos que los Estados pueden ejercer sobre la sociedad en algunas áreas y agencias administrativas de identificación política opositora.

La última etapa de este proceso la estamos viviendo en esta primera década del tercer milenio. Es la era de la globalización en la que los gobiernos y las empresas se están reestructurando para aprovechar las ventajas de la democratización tripartita, o dejando de hacerlo y sucumbiendo al aislamiento. Es en esta etapa donde vemos que se utiliza la cuarta democratización -la democratización de la toma de decisiones y la desconcentración del poder y la información- como técnica principal para prevenir el síndrome del aislamiento, o recuperarse de él.

Lo que hace la democratización de la toma de decisiones y la desconcentración del poder es tomar un sistema controlado centralmente, hacerlo más suelto y flexible para después redefinir el centro de manera tal que la toma de decisiones y la información fluyan tanto hacia arriba como hacia abajo. Cada compañía o país exitoso reorganiza su centro de una manera un tanto diferente, según su mercado, geografía, población y nivel de desarrollo.

En el sumamente complejo y vertiginoso sistema de la globalización, la mayor parte de la información necesaria para responder a casi todos los problemas está en manos de personas situadas en la periferia de la organización, no en el centro. Y si su país o compañía no ha democratizado su toma de decisiones y desconcentrando poder para permitir que estas personas apliquen y compartan sus conocimientos, va a estar en desventaja. La toma de decisiones de arriba abajo solo es exitosa cuando el mercado se mueve con lentitud, o la persona de arriba puede estar al tanto de todo, todo el tiempo, lo que es muy raro actualmente.

Hemos avanzado desde un modelo de liderazgo de mando y de control en la Guerra Fría, a un modelo de liderazgo de "mando y conexión" en la era de la globalización. Una manera de resumir este cambio es pensar en el letrero que solíamos ver en el escritorio de todos los jefes o ejecutivos de la era de la Guerra Fría. Decía: "La máxima responsabilidad es mía".

Ése era un lema plausible durante la Guerra Fría, ya que toda la información fluía hacia arriba, para que todas las decisiones fluyeran hacia abajo, y el mercado era lo suficientemente lento para esperar a que una persona tomara todas las decisiones.

Pero hoy los mejores directores generales son aquellos que comprenden su función es trazar las grandes estrategias de la corporación, establecer la cultura central de la corporación, hacer rodar la bola por el sendero apropiado y luego dejar que los que están más cerca de los clientes y del cambiante mercado sean los encargados de seguir haciéndola rodar. Por lo tanto, el letrero sobre e escritorio del director general exitoso, en la era de la globalización, no será "La máxima responsabilidad es mía", sino "La máxima responsabilidad es de todos".

De manera que cualquier jerarquía que se sostenga negando información a sus ciudadanos o empleados no puede funcionar. Ahora debe haber trabajo en equipo.

4. LAS RELACIONES INTERNACIONALES

Con todos esos flujos de información y procesos de democratización, no obstante, por primera vez en la historia, está claro que esto ya no es una tarea exclusivamente de esa teoría: en los asuntos internacionales más que nunca, todos estamos involucrados.

La disciplina que se ocupa de las relaciones entre los Estados no puede dejar de tomar en cuenta que hoy los Estados no sostienen relaciones sólo entre ellos, y que la subjetividad de la acción internacional se ha ampliado enormemente: a las empresas globales, a las organizaciones internacionales gubernamentales y no gubernamentales, a las empresas particulares, al crimen organizado, etcétera.

Se ha multiplicado completamente el objeto central de su estudio: la guerra ya no ocupa el lugar central (y, por tanto, los estudios estratégicos han perdido toda relevancia), tan es así que la propia aparición de la geopolítica se ha esforzado por sustituir esa posición localizando otros planos problemáticos.

Cambiando los sujetos y objetos ¿qué queda? Desde el mirador de la subjetividad diríamos que ha surgido una especie de sociedad civil global, cuyo sistema internacional, por primera vez en la historia, es un sistema igualitario liberal como el de Gran Bretaña, Francia y Estados Unidos durante la segunda mitad del siglo XIX. En consecuencia, no se trata necesariamente de algo mejor, pero ciertamente sí de algo diferente, a tal grado que puede ser considerado como la precondición (así como fue para los Estados que hemos citado) del tránsito a un verdadero y característico régimen democrático. Quizá es fácil aceptar que el sistema internacional pueda ser definido como un sistema liberal. Pero, en cambio, es muy distinta la referencia a la connotación de igualdad, a la que se considera realmente como tal sólo formalmente o en apariencia para hacerla entrar en el marco de la dimensión representada por el fin de los posicionamientos, de las alianzas jerárquicas y de las servidumbres declaradas. Empero, los Estados - considerados precisamente como repartimientos territoriales habitados por ciudadanos que lo son porque residen allí y no necesariamente por haber nacido allí- en la práctica no son iguales, sino que se diferencian por sus estatus socioeconómicos, pues el régimen político ya no los diferencia.

Lo que aquí resalta es el elemento fundamental de la desigualdad intersubjetiva, referida, sin embargo, no tanto a las contiendas infra -sociedades (dado que un marroquí residente en España por definición vive mejor aquí que en su lugar de origen; de otra manera regresaría a su país), sino a las confrontaciones intra -sociedades, los Estados ricos y los Estados pobres, poniendo particularmente en evidencia que los pobres les sirven a los ricos. Dicho de otro modo, son uno de los engranajes de la máquina de la globalización, pues los ricos no les sirven a los pobres.

Está claro cuáles son los objetivos al respecto: debemos esforzarnos por estudiar la sociedad internacional como un todo en relación con el cual las divisiones estatales ya no son un elemento discriminante, sino meramente accesorio; debemos preguntarnos cuáles son las condiciones para modificar las desigualdades (eso que se deseaba pero no se supo hacer, la teoría de la modernización); probablemente debemos insistir en la lucha por la democracia internacional, entendida principalmente como virtud procedimental, esperando que ésta igualmente tenga virtudes pedagógicas, por decirlo de alguna manera, en el sentido de acostumbrar también a sociedades todavía lejanas de la democracia a asumirla. Pero más que todo, debemos restaurar el compromiso social y político: si la globalización se expandió con tanta facilidad en el pasado reciente fue precisamente porque no encontró ninguna resistencia ideológica.

No veo por qué en la teoría de las relaciones internacionales no se deba hablar de valores; tampoco veo por qué todos no debamos hablar de igualdad. Es tiempo de escribir un Contrato Social Global.

5. EL EJÉRCITO ELECTRÓNICO.

La Globalización no es una opción más, es la realidad, querámoslo o no, sólo existe un mercado global, y la única manera de crecer a un ritmo constante es conectándose con los mercados globales de valores y bonos, atrayendo a las empresas globales para que realicen inversiones en el país, y vendiendo al sistema global los bienes que se producen en las fábricas.

La verdad básica de la globalización es que nadie está al mando, ni los financistas como George Soros, ni las grandes potencias, ni el secretario del tesoro de los Estados Unidos, por lo tanto, nadie la inició formalmente, ni nadie puede detener la globalización, a menos que se esté dispuesto a pagar el costo con su economía y su crecimiento, y aun así no se lograría detenerla.

El mercado global en la actualidad es un ejército electrónico de inversionistas y empresas globales anónimas de acciones, bonos y divisas, bienes y servicios, conectados mediante pantallas y redes. Por su forma de invertir, el ejército no hace excepciones, no reconoce circunstancias excepcionales, solo obedece sus propias reglas, el del ropaje global, es decir, el apegarse a sus disposiciones con un único fin, el pecuniario.

Si se le execra al grupo electrónico, se corre el riesgo de que éste le castigue, deje de invertir y retire sus inversiones.

En este momento (aproximadamente) el ejército se alimenta en 180 países, haciendo juicios rápidos acerca si se está viviendo según sus reglas, y recompensa con generosidad a aquellos países que actúan con transparencia.

Pero el ejército no es infalible, también comete errores, reacciona exageradamente, y dispara demasiado lejos, pero si el fundamento de la economía es sólido, el ejército regresará, a la larga, siempre reconociendo el buen gobierno y la buena administración económica. Las democracias votan por su gobierno cada dos, cuatro, o seis años, pero el ejército vota cada minuto de cada hora del día, los 365 días del año. Los países no pueden prosperar hoy, sin unirse al ejército electrónico, y no pueden sobrevivir a menos que aprendan a obtener lo mejor del ejército sin ser abrumados o atacados por sus inevitables impulsos.

El ejército electrónico lo integran dos grupos:

1.- El ejército del corto plazo: incluye a todas las personas que se ocupan de compra y venta de valores, bonos y divisas en todo el mundo, y que pueden mover su dinero en poco tiempo; Casas de cambio de divisas, los fondos mutuos y pensión, fondos especulativos de valores, empresas de seguros, secciones bancarias de inversiones e inversionistas privados, a todos los que con un ordenador y un módem pueden hacer negocios por la Red desde su casa.

2.- El ejército de largo plazo: Son las empresas globales involucradas en mayor grado en hacer inversiones directas en el extranjero, que construyen fábricas alrededor del mundo o hacen tratos de producción a largo plazo o constituyen alianzas con otras fábricas para manufacturar o armar sus productos. Se les denominó así porque deben tomar compromisos a plazos más largos cuando invierten en un país.

El sistema de la globalización se basa en el equilibrio entre Estados y al interior de los Estados, el ejército electrónico y los supermercados. El ejército electrónico de hoy lo integra cada persona que utiliza la Red para comprar bienes, servicios, bonos y acciones y el tamaño, velocidad y diversidad se da en una proporción nunca vista en la historia. En la primera era de la globalización, el ejército electrónico se mueve y cambia de forma.

Llama la atención la increíble diversidad de productos financieros con que puede alimentarse, la cornucopia de valores y bonos, mercancías y contratos futuros, opciones y derivados que se ofrecen desde una veintena de países mercados diferentes de todo el mundo significando que uno puede apostar a casi cualquier cosa

El efecto neto, que es que la globalización ha abierto títulos por un valor de billones de dólares, títulos que antes no eran nunca negociados o que nadie pensaba que podían ser convertidos en bonos, y ahora lo son. Y los países pobres, con grandes necesidades de inversión, ya no se sienten paralizados por la falta de capital. Los ahorradores no están confinados al mercado interno, sino que se pueden buscar oportunidades para invertir que ofrezcan los beneficios más altos en cualquier parte del mundo.

Para ganar dinero en un mercado de este tipo, el ejército de corto plazo no sólo necesita una pequeña ventaja, sino que debe hacer apuestas cada vez mayores. Ha surgido una nueva clase de participantes institucionales, se distinguen por su énfasis sobre el comportamiento de inversiones a corto plazo y su gran uso de préstamos para suplir las inversiones, su habilidad para entrar y salir del mercado, se ha de acceder a tasas de interés variable, bonos, divisas o mercancías, siempre que exista la posibilidad de que los beneficios sean mayores.

Los más prominentes de estos nuevos jugadores son los fondos especulativos de capital, que reúnen grandes sumas de efectivo de personas e instituciones acaudaladas, luego aumentan la suma tomando prestado dinero de los bancos para hacer apuesta de alto riesgo con altos dividendos sobre divisas, acciones y bonos en todo el mundo. La globalización de los mercados crea la ilusión de que todos los mercados son eficientes, líquidos y simétricos, y que en cada mercado hay información perfecta y transparencia.

El ejército no es una fuerza exógena, no está compuesto simplemente de fondos de dinero de lugares lejanos, inversionistas del extranjero por Internet y supermercados distantes, sino que está compuesto por personas de todos los países, también los nativos pueden unirse, el mayor secreto no difundido del ejército electrónico es que la mayoría de las estampidas no comienzan con un fondo especulativo de capital de Wall Street, empieza con un banquero local, un financiero de fondos que saca su dinero de un país al convertir su moneda local en dólares o apostando en contra de la divisa del propio país.

Cuando el ejército electrónico inicia la estampida, el primero en hacerlo siempre es el local. El capital puede moverse por todo el mundo, y los costos de transacción y los de transmisión son virtualmente de cero, y la velocidad instantánea. Cuando la inversión se dirige a un lugar, puede hacer llover miles de millones de dólares sobre las acciones y los mercados de bonos o sobre las fábricas y plantas, pero cuando por razones políticas, económicas o sociales, los mercados de un país se tornan inestables, el ejército electrónico convierte en una perdida brutal algo que simplemente era un ajuste de baja.

Compuesto por empresas globales, que se ocupan de inversiones extranjeras directas, no únicamente invierten en bonos y acciones, sino que invierten en fábricas, servicios, plantas de energía, etc. Son operaciones que insumen tiempo para planearlas y realizarlas, y que no pueden hacerlo de la noche a la mañana.

Este ejército tuvo un incentivo para construir fábricas en el exterior, el que había un solo mercado global abierto, el ciberespacio, que permite vender cualquier cosa en cualquier lugar.

Las empresas globales necesitan cada vez más expandirse hacia afuera, ya que esa es la única forma de ser un productor global. Gran parte de las inversiones de este tipo se dedican a desarrollar alianzas con fábricas locales, que sirven como afiliados, subcontratistas y socios, buscando los mejores arreglos impositivos y fuerzas laborales de menor costo y mayor eficiencia.

Hoy, todos los mercados están conectados directamente. La totalidad de los datos de cotización de todas las plazas bursátiles pueden ser consultados al instante en cualquier lugar del mundo y desencadenan en sus receptores compras y ventas cuyo valor de cotización es a su vez enviado inmediatamente, en forma de bytes y bits, a dar vueltas al planeta. Convertidos en Euros e invertidos en yenes a elevados tipos de interés, los créditos baratos en cualquier moneda del mundo se transforman en ingresos garantizados sin riesgo.

En su trabajo, los cazadores de beneficios se mueven a la velocidad de la luz por una red de datos con múltiples ramificaciones a escala mundial... una utopía electrónica cuya complejidad es mucho más inabarcable que la complicada matemática que subyace en las distintas transacciones. Del dólar al yen, después a francos suizos, luego una recompra de dólares...en pocos minutos los traficantes de divisas pueden saltar de un mercado al siguiente, de un socio comercial en New York a otro en Londres u Hong Kong y concluir contratos que ascienden a cientos de millones de dólares.

Un gran inversionista con un poco de suerte puede ganar hasta cien millones de dólares por minuto especulando contra una moneda de un país. A fines de los noventa Japón primero, después Indonesia, Malasia, Taiwán y Singapur fueron atacados por los especuladores. Más tarde el espectáculo se trasladó a Rusia, Brasil y Argentina. Hubo pérdidas millonarias en esos países que hoy, ocho años después del inicio y cuatro de su terminación, les ha impedido recuperarse totalmente de esas crisis. En este mundo global esas ganancias son las pérdidas de otros agentes económicos. Al final de la cadena son los ciudadanos de los países que son abandonados por los inversionistas los que pagarán las ganancias de los especuladores.

Lo hará en precios más altos, en tasas de interés más altas o en impuestos más altos.

Otros verán perdidos totalmente sus inversiones.

Pero la rígida imposición de la lógica de mercado no es cosa sólo de los malvados inversionistas extranjeros. Los inversionistas nacionales juegan exactamente con las mismas reglas y son los primeros en abandonar el barco, al fin y al cabo, ellos también pueden invertir su dinero en cualquier país del mundo. La crisis mexicana del 94 es claro ejemplo de cómo los inversionistas mexicanos sacaron enormes sumas de dólares del país iniciando la debacle del peso.

El ejército electrónico convierte el mundo en un sistema parlamentario, en que cada gobierno vive bajo el temor de un voto de no confianza del ejército. La principal tarea de los gobernantes hoy en día es atraer al ejército electrónico y a los supermercados para que inviertan en sus Estados, haciendo todo lo necesario para que no se vayan.

La democratización de la tecnología, las finanzas y la información, que ha cambiado nuestra forma de comunicarnos, de invertir y de mirar al mundo, ha dado luz a todos los elementos fundamentales del actual sistema de globalización. Obligando a que la gente cambie de pensamiento local y después global, a pensar primero global y luego local. Debido a Internet todavía no se ve nada, las medidas que proliferan van alimentando a la globalización. La revolución de Internet reunirá a la gente con el conocimiento y la información en empresas virtuales. Se promoverá la globalización a un ritmo increíble. Internet está cambiando todo.

6. RENDICIÓN DE CUENTAS

Políticos, administradores, ejecutivos y otros responsables de la toma de decisiones asumen, en los procesos de globalización, el papel de administradores morales. Este es el administrador que se "conforma con, y exige, un estándar ético alto, o derechos y conductas éticas...y redefine el papel de su compañía o dependencia en la sociedad (Carroll, 2000, p. 39). La discusión en todos los ámbitos gira en torno a la ética personal y el papel del líder en aspectos de responsabilidad social y ambiental de las organizaciones globales.

Sin embargo, es importante subrayar que, aun estando inmersos en la globalización, somos capaces de integrar nuestra moral personal y ética para aislar nuestra responsabilidad y no asumir una postura anónima cuando hacemos decisiones acerca de la rendición pública de cuentas. La carencia de rendición de cuentas públicas y la destrucción del medio ambiente, aunado a las violaciones de derechos humanos las podemos ver en las algunas maquiladoras quienes utilizan proveedores y mano de obra barata con poca o ninguna aplicación de las leyes del medio ambiente. Estas plantas maquiladoras representan para los trabajadores del mundo el libre comercio concebido como una carrera que los arrastra hacia la fondo del abismo. Estas plantas también buscan dejar sus desechos tóxicos en lugares donde las prohibiciones ambiéntales son más laxas. En México, aun cuando existen, pocas regulaciones sobre el medio ambiente se aplican. Muchas maquiladoras estadounidenses no cumplen con las normas mínimas para el tratado de desechos tóxicos, que se supone deben regresarlos a Estados Unidos para su confinamiento.

Sin embargo, la evidencia sugiere que las autoridades mexicanas ignoran dichas normas. Uno de los peores ejemplos es Metales y sus Derivados, una empresa norteamericana dedicada al reciclado de baterías y fundición de plomo.

Reportes de la Environmental Health Coalition, confirmaron que a pesar de haber sido clausurada por las autoridades mexicanas la empresa continuó depositando a cielo abierto más de 5 000 toneladas de desechos tóxicos, incluyendo plomo, ácido sulfúrico y arsénico. Estos químicos tóxicos se filtran y son arrastrados por las corrientes subterráneas hacia el agua que consume la Colonia Chilpancingo, cerca de Tijuana con una población de casi 10,000 personas. Existen reportes de los pobladores acerca de altas tasas enfermedades que los aquejan derivado de la contaminación incluyendo defectos congénitos e hidrocefalia. Este es solo un ejemplo de compañías norteamericanas con enormes registros de violaciones a los derechos humanos y a las normas ambientales.

La mayoría de los factores que "representan el lado negro de la globalización están relacionados con la explotación irracional de los recursos naturales, de alguna manera con daño ambiental, violaciones de los derechos humanos de los trabajadores, trabajo de niños, y perdida de la identidad cultural" (McLean, 2001b).

Como ejemplos del impacto ambiental, la discriminación y los crímenes ambientales y financieros tenemos los incidentes del Dalcon, el Valdez de Exxon, Bhopal y Union Carbide, el uso de asbestos utilizado por empresas como Johns-Manville, los esfuerzos de las compañías tabacaleras para convencer al público de lo inofensivo del cigarro. Los problemas de fraude de Enron, los problemas raciales de Texaco en Nigeria, entre otros muchos más, todos ellos son ejemplo de empresas y de líderes corporativos que fueron encontrados culpables de crímenes contra la sociedad. Lo último es la gran catástrofe de BP in el Golfo de México. Y esto es sólo la punta del iceberg, un iceberg que puede hundir a los grandes Titanics.

Sin embargo, también existen las buenas noticias, ya cada vez más las empresas que están mostrando con sus acciones el lado positivo. No cabe la menor duda que existen personas trabajando en las grandes compañías que tienen un sentido ético y moral y un compromiso con la sociedad. El hecho es que las empresas no son ni malas ni buenas; la mayoría cae en los puntos intermedios. De ahí pueden moverse a cualquiera de los dos extremos del continuo.

Quizá la industria del tabaco sea una de las pocas que cae en el extremo de la maldad. Cada año mueren 400 mil personas -de acuerdo a la OMS - por causas relacionadas con el fumar. Pero el dato para los próximos diez años es que mil millones de personas (una sexta parte del planeta) podrían morir de cáncer relacionado con el fumar. Esta industria está capitalizando la *naïveté* y la necesidad económica de países del tercer mundo para incrementar el consumo de cigarrillos e incrementar sus utilidades también.

La globalización con su carencia de regulaciones, a través de empresas sin ética, puede dirigirse a los mercados subterráneos, puede propiciar el contrabando y puede también tirar desechos peligrosos de una manera fácil y lucrativa.

¿Puede un liderazgo ético impactar esas violaciones obvias de lo más básico de la humanidad? ¿Puede una orientación hacia la responsabilidad social empresarial cambiar los resultados de tales prácticas? La respuesta inicial es: probablemente no se puede cambiar mucho. Si la empresa elige jugar el juego global existirán presiones por lograr la utilidad planeada aún a costa de los factores éticos.

Geary Rummler, un experto reconocido en el área de mejora de la productividad, con respecto a las empresas dijo, "lástima que, al ponerlas a competir por un excelente desempeño contra un mal sistema, el sistema siempre será el ganador" (Rummler y Brache, 1995). En cierta medida esto es cierto.

El desempeño ético y moral debe enfrentar decisiones para retar al mal sistema o definitivamente, decidir no cambiar. Cuando nos quedamos con un mal sistema y con el dolor subsiguiente que causa a la sociedad, estamos eligiendo el camino del status quo. Cualesquiera que sean las razones de nuestras decisiones, el hecho permanente es que, a veces, como sociedad somos incapaces de enfrentar al sistema. Afortunadamente, la globalización tiene su lado positivo.

7. LOS EMPLEADORES.

Para algunos empresarios es falso e injusto achacar a la globalización los problemas socioeconómicos mundiales. La pobreza y la desigualdad se ven afectadas por una amplia gama de factores tales como la inestabilidad y el conflicto político, las carencias de los marcos políticos e institucionales, la corrupción, las enfermedades, la falta de infraestructuras y de acceso al cambio tecnológico, y un entorno inadecuado para las inversiones. La práctica demuestra que las desigualdades han seguido creciendo en los países situados al margen del ámbito de la globalización, mientras que las mismas se han reducido en los países que se están integrando en la economía globalizada. La exclusión de la globalización, y no la integración en la misma, es una causa de desigualdad. En los países desarrollados, la evolución tecnológica es la principal causa de desigualdad.

El proceso de globalización va acompañado de una evolución cada vez más rápida de la tecnología y de las comunicaciones. A medida que aumentaba en la economía la importancia de los productos o servicios que entrañan un uso intensivo de la tecnología, los conocimientos o las calificaciones, se hizo frecuente la necesidad de reestructurar ciertos sectores, lo cual desembocó en ocasiones en la pérdida de puestos de trabajo.

A largo plazo, cambios de este tipo basados en el progreso desembocan en mayores calificaciones, nuevas oportunidades para atraer las IED y un crecimiento económico generalizado. Además, la globalización ha permitido una mayor flexibilidad en el lugar de trabajo, que a su vez ha entrañado nuevas oportunidades para el trabajo a tiempo parcial, el teletrabajo y una mayor participación de la mujer en el mercado de trabajo. De manera similar, también en los países en desarrollo el libre comercio y la inversión, acompañados de las políticas necesarias para cosechar los beneficios que se derivan de los mismos, desembocan en la creación de empleo. El libre comercio y las IED presentan una gran potencial para contribuir al crecimiento económico, la creación de empleo, la generación de riqueza y la reducción de la pobreza.

Sin embargo, cada país tiene que desarrollar su economía al ritmo que le permita su propia capacidad, con la ayuda de las organizaciones internacionales y de los socios comerciales. Con frecuencia, ello contribuirá a evitar el cierre de industrias nacionales y el desempleo, que podrían desembocar en una inestabilidad política y social y reducir la capacidad del país para cumplir con los objetivos estratégicos de la OIT. Los cambios de las políticas económicas para adaptarse a la globalización entrañan a menudo procesos de reestructuración, que a corto plazo pueden causar trastornos, pero en último término los cambios deberían aumentar la productividad, las calificaciones y los conocimientos, desembocando en un mayor crecimiento económico.

Los derechos laborales por sí solos no resolverán todos los problemas. Los problemas socioeconómicos no pueden resolverse exclusivamente por medios sociales, y debe prestarse la debida atención a los elementos políticos y económicos necesarios para crear la capacidad de introducir y mantener un programa social. Los programas sociales y laborales son tan sólo un apéndice natural del crecimiento económico, y no son lo que permite a los países cosechar los beneficios de la globalización. Constituyen un medio para garantizar la justa distribución de dichos beneficios.

Ninguna organización internacional puede resolver todos los problemas. Las cuestiones que atañen a la globalización se inscriben dentro del mandato de muchas organizaciones internacionales. Cuando se trata de un determinado objetivo económico o social, la elección del instrumento de política debe adaptarse de manera específica a la consecución de dicho objetivo. La OIT debería tomar nota de los retos ligados a una mayor integración económica, ocuparse de aquellos que corresponden a su mandato y promover en los planos tanto nacional como internacional políticas e instituciones que brinden apoyo a un programa "sostenible". La OIT no puede esperar abordar sola todos los dilemas a los que han de enfrentarse los países que desean beneficiarse de la globalización.

Deben considerarse los elementos económicos junto con los aspectos sociales de la globalización.

La propuesta de la OIT de introducir un marco integrado de políticas en el que se combinen las políticas económicas y las sociales debe tener en cuenta las realidades económicas con las que han de luchar los países para hacer frente al costo de un programa social; asesorar a los países sobre posibles maneras de encontrar los recursos necesarios, incluida la movilización de las fuentes de capital nacionales; y diagnosticar las causas de los problemas que dificultan el que los países mejoren su normativa laboral. Es necesario elaborar un programa destinado a poner los beneficios de la globalización al alcance de todos los países que desean participar en ella. Este programa debe incluir un análisis tanto de los motivos que impiden a ciertos países beneficiarse de la globalización como de la manera en que la OIT, a través de sus políticas y programas, puede contribuir a la adaptación de estos países. Es preciso sacar también partido de los interlocutores sociales y del papel que estos desempeñan, y en particular de su capacidad para fomentar la creación de instituciones y sistemas políticos y económicos adecuados, así como del entorno y de las infraestructuras indispensables para permitir a los países beneficiarse de la globalización.

Es importante que se defina de manera precisa el papel que corresponde a los derechos laborales y que se coordine con otros criterios políticos, sociales y económicos que propicien la participación activa del país en el proceso de globalización de la economía. Cuestiones clave que han de abordarse en este debate.

¿Cuáles son los cambios legales e institucionales que han de introducir los países para poderse beneficiar de la globalización? ¿Por qué algunos países se benefician del proceso y otros no, y cómo puede facilitarse la asistencia necesaria para introducir los cambios necesarios? ¿Cuáles son las barreras a la creación de empleo? ¿Qué políticas de protección y seguridad sociales son viables económicamente y resultan más eficaces? ¿Cómo pueden ayudar a los países la educación y el desarrollo de las calificaciones para cosechar los beneficios de la tecnología de la información y las comunicaciones? ¿Cuáles son los obstáculos a la creación de capital nacional en ciertos países, y por qué existen?

CAPÍTULO IV

GLOBALIZACIÓN:
ELEMENTOS Y CARACTERÍSTICAS.

1. BREVE HISTORIA

Ya hemos descrito el mundo anterior de Guerra fría, que era como una planicie ancha, marcada por líneas cruzadas y dividida por cercos, muros, zanjas y callejones sin salida. En este anterior mundo era imposible ir demasiado lejos, o muy rápido, sin chocar con un muro que te estancará como país. Últimamente ha habido cambios increíbles en la economía mundial, en donde existe una unión de las actividades económicas, llamados dualización de los procesos económicos, donde coexiste la inversión productiva y la especulativa.

La idea clave de la caracterización de la globalización es que puede ser entendida como una nueva fase de la internacionalización de los mercados, que pone en dependencia recíproca a las empresas y a los países, en grados absolutamente originales e inigualados con los del pasado.

El origen del concepto nos lleva al trabajo de los intelectuales del siglo XIX y principios del siglo XX. Podemos rastrear el uso del término hasta Saint- Simon cuando identificaba cómo la modernidad, progresivamente, iba integrando las diversas partes del mundo. Sin embargo, no sería hasta los años sesenta del siglo XX cuando se haga alusión al vocablo globalización, y fue en pocas ocasiones. Su empleo se vincula a una etapa de interdependencia económica y política. El contexto de este primer debate, durante los años sesenta, se ubica en las preocupaciones de los científicos sociales acerca de la interconexión de los acontecimientos humanos, el desarrollo de las teorías del sistema mundial y de la interdependencia compleja, e incluso la introducción de la misma noción de globalización. En este sentido, la idea de globalización emergió para poder explicar los procesos por los cuales el destino de los Estados y de las personas estaba cada vez más entrelazado (Moldelslki 1972; Wallerstein 1974, Keohane y Nye 1977, citados por Held y Mc Grew 2000:1).

Así pues, el proceso de la globalización, del que no se habla sino hasta el último cuarto del siglo XX, coincide con "lo que de otra manera llamamos modernización".

Giovanni Arrighi (1999) se refiere de manera particularmente enérgica a la continuidad de largo plazo donde la escala, el alcance y la sofisticación técnica de la expansión financiera actual son, por supuesto, mucho mayores que los de expansiones financieras anteriores. Sin embargo, es necesario aclarar que la escala, el alcance y la sofisticación técnica mayores no son otra cosa que la continuación de una bien establecida tendencia de *longue durée* del capitalismo histórico hacia la formación de bloques cada vez más poderosos de organizaciones gubernamentales y económicas que desempeñan el papel de agencias principales en la acumulación del capital en todo el mundo. A partir de esto, la globalización posee un cierto número de características propias en relación con el pasado e implica restricciones muy particulares en términos de competitividad, productividad y distribución de bienes.

Para Osterhammel y Peterson (2003:1) "globalización" es un término a menudo utilizado para explicar el mundo de hoy que especialistas de varios campos del conocimiento han integrado como el leitmotiv y la categoría central de sus investigaciones.

Las características semánticas son tan densas que cubren campos como la globalidad, historia global, modernidad, sociología de la globalización, capitalismo global, entre otras muchas más. "Globalización" parece destinada a calificar por un lugar predestinado de los macroprocesos del mundo moderno. Su importancia lo puede ubicar a la altura, o aún por arriba, de "modernización".

Desde este punto de vista, si entramos en detalle y definimos a la globalización como una fase nueva, podemos decir que es la tercera fase de la internacionalización de los mercados. Con respecto a las tres fases de la internacionalización de los mercados estas son:

a) Internacionalización: La primera fase, que puede definirse como de internacionalización, va desde el fin del siglo XIX hasta antes de la primera guerra mundial. El punto más importante es que los Estados Nación poseen en esta fase el status de Estados soberanos y todos los atributos de la soberanía económica, comenzando por emisión de la moneda, definición de la tasa de cambio, control de los intercambios aduaneros; en resumen, hay soberanía económica e intercambio internacional de productos y es en ese sentido que se habla de internacionalización a partir de los Estados Nación.

b) Mundialización: La segunda fase es la mundialización, que va desde el final de la segunda guerra mundial hasta alrededor de los años setenta. Es la época en la que las empresas multinacionales comienzan a operar sobre una verdadera base mundial, en el sentido de que van a arbitrar sobre una base plurinacional la localización de sus actividades complejas, ciclos enteros de productos incluidas las dimensiones comerciales y financieras, utilizando las diferencias nacionales para optimizar sus equipos de producción y maximizar su producción. Además, existe una estrategia de vinculación política para alcanzar sus fines y utilizan para ello el poder de los Estados para presionar a los gobiernos a aceptar en sus propios países lo ineludible de la entrada y necesidad de las grandes empresas extranjeras.

c) Globalización: La globalización es la tercera fase (la actual), que comienza en la década de los 80 con algunos atisbos hacia fines de los setenta. Es la aceleración de la tendencia anterior, pero con un cierto número de características nuevas, por lo menos tres series perfectamente originales.

La primera, el mundo anterior de Guerra fría, ya lo dijimos, era como una planicie ancha, marcada por líneas cruzadas y dividida por cercos, muros, zanjas y callejones sin salida.

Segunda, anteriormente los países podrían encontrar formas de preservar sus propias y únicas formas de vida, política, económica y cultural; de hecho, podían tener sistemas económicos totalmente distintos, como una economía planificada centralmente, una economía de estado benefactor, una economía socialista o una economía de libre mercado. Podían también mantener sistemas políticos marcadamente diferentes, cualquier cosa desde democracia a dictadura o autoritarismo ilustrado a monarquía o totalitarismo.

Tercera, los procesos de cambios increíbles y positivos en la economía mundial, en donde existe una unión de las actividades económicas, llamados dualidad de los procesos económicos. En la actualidad algunos países han tratado de privatizar las empresas que forman parte de su gobierno para demostrar que no son países cerrados, sino más bien países que quieren que los individuos sean los dueños de los recursos productivos y a la vez han tratado de tener una relación económica con los demás países del mundo por medio de los tratados internacionales que regulen un libre comercio, es por eso que se han tirado muchos muros de la restricción en todo el mundo y esto ha hecho posible que esta era de globalización e integración se encamine a la "perfección".

La existencia de la economía de libre mercado acabó con el sistema que se consideraba alternativo: el socialismo. El muro de Berlín se convirtió en el símbolo del triunfo del capitalismo salvaje. Después se derrumbarían todos los muros (restricciones al libre comercio y la inversión) restantes en los países en vías de industrialización.

Lo que derrumbó los muros fueron tres cambios fundamentales de la globalización:

1. Cambios en la manera de comunicación (la democratización de la tecnología).
2. Cambios en la manera de invertir (democratización de las finanzas).
3. Cambios en la manera de enterarnos de lo que pasa en el mundo (democratización de la información).

Por todo lo anterior, concluimos que, derivado de lo anterior, en la actualidad no hay primer mundo, segundo mundo, ni tercer mundo; hoy solo existen dos mundos, el mundo veloz -el de la ancha planicie abierta- y el mundo lento -el de los que se han caído al costado del camino o prefieren vivir lejos de la llanura en algún valle propio, aislado, artificialmente amurallado, porque encuentran el mundo veloz demasiado atemorizante o demasiado exigente.

Las formas de explicar el mundo también ha cambiado, hoy la historiografía explica los cambios que el mundo ha experimentado en los últimos cien años con la ayuda de los conceptos que han acompañado esos procesos históricos y lo ha hecho con los famosos "ización", tales como racionalización, industrialización, urbanización, democratización, individualización, secularización, alfabetización, para nombrar unos cuantos, mientras que antes se explicaba con ayuda de los primos cercanos, los "ismos", liberalismo, socialismo, comunismo, capitalismo, etc. (Osterhammel y Peterson, 2003:3-4).

Por ello, no será verdaderamente hasta los años ochenta cuando el concepto globalización y la noción de globalidad aparezcan en realidad en la literatura de las ciencias sociales. Lo que, es más, hasta mediados de los ochenta conceptos como gobernación mundial (*global governance*), cambio medioambiental global (*global environmental change*), relaciones de género globales (*global gender relations*) o economía política global (*global political economy*) eran prácticamente desconocidos.

Al final, en la mayoría de las definiciones de globalización los factores que juegan un papel importante son la expansión, concentración y aceleración de las relaciones mundiales principalmente debidas a los cambios provocados por la Guerra Fría.

La democratización tecnológica es el primero y el más importante de esos cambios, por el cambio en la manera en que nos comunicamos entre sí, este cambio es lo que permite que exista un mayor número de gente con un mayor número de computadoras en su casa, módems, teléfonos móviles, sistemas de antena satelital y conexiones de Internet, lo cual permite que se comunique más rápido, con un mayor número de países, y con menos costo que en ningún otro momento de la historia mundial.

La democratización tecnológica es el resultado de diversas innovaciones relacionadas con la computación, las telecomunicaciones, la miniaturización, la tecnología de compresión y la digitalización, que fueron combinadas a partir de la década de los ochenta en el siglo pasado. No solo se puede llamar hoy a cualquier parte del mundo, sino que se puede llamar a cualquier parte a bajo costo: desde una computadora portátil en la cima de una montaña, en el asiento del avión, etcétera. Esto es posible porque las innovaciones han reducido en forma constante el tamaño y peso de las computadoras, teléfonos y aparatos de radio llamada, de tal forma que las podemos traer consigo.

Estas innovaciones han hecho posible que millones de personas en todo el mundo se conecten e intercambien información, noticias, conocimientos, dinero, actos comerciales, etcétera.

Por eso ésta era de la globalización es diferente a todas las anteriores y es por ello que la democratización tecnológica globaliza la producción queriendo decir con lo anterior que hoy todos podemos ser productores. La globalización de hoy no solo se trata de que los países en desarrollo (países satélites), envíen materia prima a los países desarrollados (países centrales) para que estos produzcan un bien terminado y luego lo envíen de vuelta a precio de oro. Hoy, gracias a la democratización tecnológica todos los países tienen la oportunidad de reunir la tecnología, la materia prima y el financiamiento para ser productores de bienes y servicios (satisfactores) convirtiéndose ello en otro factor sutil que vincula al mundo más estrechamente. La democratización de la tecnología ciertamente ayudó a promover el segundo cambio importante que impulso la globalización, o sea, el cambio en la manera en que invertimos.

La democratización de las finanzas empezó a fines de la década de los sesenta, con la emergencia del mercado de "papeles comerciales". Estos eran bonos emitidos directamente por las empresas al público con el fin de reunir capital. La creación de este mercado de bonos corporativos introdujo cierto pluralismo en el mundo financiero y quitó el monopolio a los bancos.

En la década de los setenta por la segurización se abrió la puerta para toda clase de empresas e inversionistas que nunca antes habían tenido acceso a efectivo para poder juntar capital. En la década de los ochenta es cuando la democratización de las finanzas realmente explotó en su alcance y tamaño. El hombre que en verdad derribó las últimas barreras fue el brillante, veleidoso, pero en definitiva corrupto rey de los bonos de alto riesgo (bonos basura), Michael Milken.

En el camino hacia la globalización sucedió algo curioso. El mercado de las deudas externas accedió a la segurización. Esto significó que cuando América Latina entró otra vez en problemas a fines de la década de los ochenta, el secretario del Tesoro, entonces Nicholas Brady, inventó una solución, las deudas latinoamericanas de los principales bancos comerciales fueron convertidas en bonos respaldados por el gobierno de los Estados Unidos, y estos bonos siguieron en poder de los bancos con valor en su haber, o fueron vendidos al público en general, a fondos mutuos y a fondos de pensión, con tasa de interés superiores a los normales.

Posteriormente los bancos recibieron garantías del gobierno de los Estados Unidos para extender nuevos préstamos a América latina, con la condición de que los países deudores realizaran reformas económicas. Después de extender los préstamos, los bancos, en lugar de hacerlos figurar en sus libros, los dividían en bonos con respaldo del gobierno de los Estados Unidos, que eran vendidos al público. En vez de que un país latinoamericano pactará con veinte bancos principales, de repente ese país debía tratar con miles de pequeños inversores y fondos mutuos.

La gente compraba y vendía bonos todos los días, según su desempeño. Esto significaba que los cotizaba según el desempeño del país. Y las personas que compraban y vendían eran extranjeros sobre los cuales Brasil, México o la Argentina no tenían ningún control.

Estos tenedores de bonos no eran como los bancos que, al estar ya expuestos, a merced de esos países deudores, sentían que debían seguir prestándoles dinero para proteger los préstamos anteriores. Si un país no tenía buen desempeño, los particulares tenedores de bonos simplemente los vendían, le decían adiós y ponían su dinero en los bonos de países con buen desempeño. De manera que cuando México tuvo dificultades en mil novecientos noventa y cinco, por gastar en forma excesiva, la gente empezó a vender sus bonos mexicanos, haciendo bajar su valor, y Ángel Gurría ya no pudo empezar a llamar a los veinte banqueros para pedirles una renegociación de la deuda como lo hacía con los veinte bancos. Ahora los acreedores eran miles.

Lo ocurrido en el mundo en 2008 es algo similar, las corporaciones financieras de Estados Unidos se deshicieron de sus bonos basura (de hipotecas impagables) y los vendieron a bancos europeos y asiáticos infectando al mundo produciendo una crisis mundial cuando en realidad debió circunscribirse sólo al país que lo originó.

La democratización de la información es el tercer cambio que hizo posible la globalización, el cambio de la manera en que vemos el mundo. Gracias a las antenas satelitales, Internet y la televisión, ahora podemos ver y oír a través de toda clase concebible de muros que nos pongan.

Este adelanto comenzó con la globalización de la televisión. Durante gran parte de la era de la Guerra fría, la televisión y la radio estaban restringidas debido a que el espectro y la tecnología para la trasmisión eran limitados. Los gobiernos administraban la mayor parte de la televisión directamente, o la regulaban en gran medida. Esto empezó a resquebrajarse primero en los Estados Unidos, con el advenimiento de la televisión por cable. En la década de los ochentas la televisión multicanal empezó a propagarse por el mundo entero y el factor principal fue la caída del costo de los satélites.

Al principio, solo grandes sistemas de cable podían afrontar el gasto de construir las antenas para captar las señales satelitales, pero gracias a la democratización de la tecnología, y sobre todo la miniaturización, con rapidez, millones de personas alrededor del mundo podían captar las señales en un receptor satelital del tamaño relativamente pequeño, y posteriormente cuando entró la televisión digital, las empresas trasmisoras ofrecían no sólo cinco o cincuenta estaciones, sino 500 canales.

Por último, como resultado de los adelantos en la tecnología de la compresión, pronto todos tuvimos discos de videos digitales (DVD), que reemplazarán a la cinta magnética. Con una calidad óptima de sonido, en varios idiomas, que podemos ver en nuestras computadoras portátiles o en los reproductores de DVDs.

Seguramente, el presidente de un país en desarrollo (Venezuela), puede dirigirse a su pueblo diciéndoles: "Amigos, vamos a detener el ingreso de este sistema de la globalización. Erigiremos nuevos muros y volveremos a imponer controles de capitales. El whiskey no podrá importarse". Aunque nunca dirá: "sufriremos menos con nuestra economía, tendremos menos volatilidad, aunque también un crecimiento más lento, porque no podremos atraer ahorro del resto del mundo, así que, si todavía no pertenecen a la clase media, tendrán que esperar un poco". No lo diría, porque si lo hace tarde o temprano alguien va a protestar.

Los gobiernos que quieren evitar la globalización no sólo deben probar que la alternativa puede producir para sus ciudadanos un nivel de vida ascendente, sino que deben darse en un medio en el que todos sepamos, cada vez más, cómo vive el resto del mundo.

Al encoger el mundo a una talla pequeña, la globalización les hace saber a todos cuán adelantados o atrasados están con respecto al resto de los países. Esta democratización de la información también está transformando los mercados financieros. Ahora los inversionistas no sólo pueden comprar y vender valores y bonos de todo el mundo, no sólo pueden hacerlo desde la computadora en su casa, sino que los sitios de Corretaje en Internet les dan ahora gratis la información y las herramientas analíticas para invertir sin necesidad de llamar a un agente de bolsa.

Con esos adelantos, dentro de diez años el setenta por ciento de las transacciones de las operaciones bursátiles se harán en Internet, y cuantas más personas lo hagan, más información y análisis de economías y empresas diferentes se exigirán, lo que hará más fácil mover el dinero, castigar a los que se desempeñan mal y premiar a lo que lo hacen bien.

En aquellos que a causa del proceso de sensibilización continúa no se han dado cuenta de la magnitud de los cambios actuales, pueden existir las siguientes preguntas: ¿Es la globalización un fenómeno tan nuevo como parece? ¿Puede rastrearse su origen a los últimos lustros del siglo XX? ¿Tiene elementos radicalmente nuevos o ha llegado a ser lo que es a través de un proceso evolutivo? Para muchos, la globalización aparece para definir un nuevo estadio en la economía internacional. El aspecto crítico aquí es la velocidad y la dirección de este proceso. ¿Es realista esperar un incremento de la productividad y de los niveles de bienestar de la sociedad mundial? La evidencia sugiere que la globalización está limitada a un conjunto de países industrializados de Europa, América del Norte y Japón, aunque la "triadización" de los mercados financieros es más aparente que real.

En el análisis de los conceptos, la "globalización histórica" no es otra cosa más que ese fenómeno que, a partir del inicio del mundo moderno, caracterizó la evolución del proceso de expansión de las sociedades europeas que las llevó, a principios del siglo XX, a dominar completamente el mundo, siendo más tarde sustituidas por Estados Unidos primero, y Japón después.

En consecuencia, si la globalización históricamente neutra hacía referencia a un proceso de "expansión" de la sociedad europea hacia el resto del mundo o, en términos más radicales, a un proceso de conquista de los mercados -por parte del Occidente rico y de economía de libre mercado- del resto del mundo, hoy podríamos afirmar ciertamente que como proceso ha concluido. Luego entonces, estamos frente a una "globalización completa". Sin embargo, lo que nos interesa saber es cuándo se alcanzó tal realización y por qué. La mayoría de los analistas están de acuerdo en que el "cuándo" es 1989 con la caída del muro de Berlín y el "por qué" está representado por la desintegración de la Unión Soviética y la terminación del bipolarismo político y económico o Guerra fría.

Puesto en otras palabras, el momento decisivo para las economías mundiales fue la caída del muro de Berlín en 1989, porque "que reveló que tras el Telón de Acero un estado en ruina económica superaba con creces las expectativas de los economistas occidentales mejor informados. La planificación central ya no era digna de debate (Greenspan, 2008: 25).

Obviamente se utiliza 1989 en sentido emblemático, sólo para resaltar el descubrimiento de una "dimensión de la realidad" caracterizada por la "mutación de las reglas de la vida internacional", o sea, la paradójica imposibilidad de que las grandes potencias se vieran envueltas en conflictos para resolver sus diferencias con el instrumento que habían forjado en cinco siglos de historia (por lo menos): la guerra.

Evaluar el significado en términos internacionales de la crisis de la Unión Soviética y de su modelo lleva a la conclusión que no solamente terminó la guerra fría, sino que al mismo tiempo desapareció el único modelo alternativo frente al modelo de economía de libre mercado. No es necesario discutir si el socialismo real era mejor, simplemente se señala que su desaparición hizo caer cualquier obstáculo a la expansión, a estas alturas natural e irrefrenable, del capitalismo salvaje. Podríamos decir que al desaparecer el enemigo –el socialismo-, todos se volvieron enemigos, o mejor dicho, se convirtieron en competidores en el libre juego de la contienda económica, el socialismo real no servía más que para "contener" la agresividad económica y financiera de Estados Unidos.

La "mutación" y la consecuente caída de la URSS son eventos que se ubican en una dimensión abiertamente internacional, en su sentido específico de "relaciones entre Estados". Después de tales acontecimientos, las pruebas empíricas son tantas que es ocioso presentarlas; es suficiente contar los escritos acerca de la globalización para tener una idea al respecto.

El mundo, y no podía ser de otra manera, cambió (mutó), se unificó en la medida en que el sistema internacional, ya sea político o económico, se volvió homogéneo y, por lo tanto, hizo posible que se difundiera un mismo y único modelo de desarrollo económico. Que el sistema económico de libre mercado per natura se moviera en esta dirección para expandirse al máximo, ya había sido notado en los escritos sobre la internacional political economy, de la que el libro de Gilpin es en cierto modo el manifiesto programático. Otros pensadores son más radicales al afirmar que "si la historia del último cuarto de siglo puede resumirse en una sola línea, se trata del redescubrimiento del poder del capitalismo de mercado (Greenspan, 2008: 27).

Política y economía, por consiguiente, se funden e integran más y mejor en el plano internacional (¿global?) que en el interior de los Estados. La razón es sencilla: mientras el Estado regula a priori las acciones políticas y económicas, los Estados establecen, de cuando en cuando, en sus relaciones - que son por naturaleza intermitentes- un sistema normativo específico, de suerte que la economía no puede actuar más que valiéndose de la política, y ésta no tendría objetivos si no se concretara en ventajas económicas.

La unificación de los mercados y la homogeneización de los sistemas políticos (ya no existe ninguno realmente socialista aunque China y Cuba continúan con un sistema mixto; el abanico de los casos posibles va de la democracia ilustrada a los regímenes dictatoriales de derecha) alcanzaron los límites planetarios y con ello parece concluido el proyecto del Estado moderno nacido en el siglo XVIII: el Estado como lo conocimos ha muerto, ya no es funcional, debemos ayudar a bien morir lo que queda de él. Pero aún no ha terminado de nacer el nuevo Estado de la globalización que está representado, en su forma ideal, por ahora por la orientación de la Unión Europea. El inicio del debate acerca de la desterritorialización puede ser considerado como una prueba, pero en general la teoría de las relaciones internacionales muestra, aunque quizá sin la conciencia necesaria, esta situación de transición con sus secuelas, comenzando con la "teoría de los regímenes internacionales" y continuando con el "institucionalismo" que deben entenderse como la formación cuasi espontánea y progresiva de estructuras organizativas internacionales intermedias.

En conclusión, 1989 habría provocado el agotamiento de un proceso que duró cinco siglos. Se dejan ver entonces dos alternativas; que una vez llevado a cabo el fenómeno de la globalización, deba a su vez, a) agotarse (no está dicho que eso deba ocurrir instantáneamente) o b) consolidarse y empezar a tomar posesión del mundo entero.

Podemos concluir que en este mundo globalizado nunca antes tantas personas escucharon o supieron tanto sobre el resto del mundo. Por primera vez en la Historia, una fantasía de **ser** une a la Humanidad.

Las agencias de publicidad y los medios masivos de comunicación alimentan ese sueño al servirse del decorado mundial con una patria común para sus clientes.

El público de masas recibe mensajes subliminales donde se uniformiza todo: el consumo, la cultura, el trabajo, los estudios en las universidades, la familia y el amor. Esos reforzadores retroalimentados de la uniformidad mundial impulsan más y más esta evolución.

Para poder abastecer a los mercados mundiales surge el concepto de cadena global de oferta y demanda que implica grandes imbricaciones entre familias, inversionistas, empresarios, comercializadores que se ajusten a un proceso en el cual se incluyen los beneficios de la producción y se tiende a unificar precios en un mercado global de commodities (Gereffi, 2003).

Como un arado que circunda la Tierra, la multimillonaria demanda de la marea de mercancías anunciada a escala global se ha abierto camino por las calles comerciales de todas las ciudades del mundo. Las victimas de sed insaciable de productos globales son las ciudades. Los ejemplos recientes de Viena, Bratislava, Tallin, Riga, Praga, Lisboa, Budapest, Moscú y San Petersburgo, solo por citar algunas, donde innumerables pequeños comercios con variedad de mercancías tradicionales daban a cada ciudad un carácter inconfundible, lo han tenido que abandonar desde su incorporación a la Unión Europea algunas o la llegada del libre mercado otras. Cadenas comerciales internacionales han elegido los mejores lugares, aburridos locales de comida rápida, atractivas firmas de ropa interior, farmacias y perfumerías, hoteles de lujo y joyerías entre otras sustituyeron el encanto de la tradición y el romanticismo de la cultura local por la uniformidad de la cultura global. Y es que la clase media urbana de los centros de las ciudades florecientes se mueve con insólita naturalidad sobre el disminuido planeta azul, millones de turistas se desplazan de sus ciudades de origen y abarrotan los centros vacacionales de moda. Paris, Madrid, New York, Milán, Tokio, Dubái, Londres y la Ciudad de México, entre otras, se convierten en los destinos globales. Para **ser** ciudadano global, se puede desconocer su propio país pero es un pecado mortal desconocer los destinos globales. Todos se consideran abiertos ciudadanos del mundo, lejos de la sensación de que sus *connections* globales son a menudo muy provincianas y limitadas a su propio ambiente.

Tal movilidad indica la dirección, es al menos faro de orientación en el rapidísimo vuelo hacia el futuro que promete una estructura mundial repulsivamente nueva para los mayores y endiabladamente atractiva para los jóvenes de la nueva generación.

Unas treinta regiones metropolitanas en el mundo unidas por la tecnología más avanzada de las telecomunicaciones y las redes informáticas atraen a más del 70 por ciento de los viajeros globales.

Las metrópolis están dispersas en el globo como casuales manchas de luz, a lo largo de miles de kilómetros sus habitantes creen estar más cerca unos de otros que sus vecinos del interior de su comunidad, que hasta ahora determinó su historia. Adicionalmente a las ya mencionadas, se suman Kuala Lumpur en Malasia, Pekín, Berlín, Hong Kong, Shanghái que aspira a ser el centro neurálgico de las ciudades asiáticas, Taipéi, Bombay, Nueva Delhi, Sao Paulo, Río de Janeiro, Buenos Aires, Taiwán, Bangkok y Singapur entre otras.

LA VISION ECONOMICA DEL SISTEMA MUNDIAL DE COMERCIO**

El Gobierno de Donald Trump tiene razón en condenar el costo que suponen para la economía estadounidense los desequilibrios comerciales persistentes, pero se equivoca al centrarse en los bilaterales. El comercio mundial es complejo y el desequilibrio comercial entre dos países puede deberse a descompensaciones causadas por políticas de cualquier otro lugar, en cuyo caso las intervenciones pensadas para reducir el déficit del comercio con un país concreto no solo fracasarán, sino que incluso pueden agravar el déficit comercial general de Estados Unidos.

México es un ejemplo evidente. Con un comercio total entre ambos países de 600 mil millones de dólares, México es el tercer socio comercial de Estados Unidos. Sus exportaciones a Estados Unidos ascienden a casi 63 mil millones de dólares más que sus importaciones de dicho país. Solo tres países más superan ese superávit comercial con Estados Unidos, lo que convierte a México en un objetivo evidente para aquellos a quienes preocupa el alto déficit comercial estadounidense.

Pero la función de México en el comercio estadounidense no es lo que parece. A pesar del mencionado superávit, México registra un déficit general por cuenta corriente que equivale al 2,8 por ciento de su PIB. Se trata del séptimo déficit por cuenta corriente más alto del mundo, y la mitad de él se debe al déficit del comercio exterior. Como los países con déficit por cuenta corriente invierten más dinero del que ahorran, y deben financiar la diferencia con capital extranjero, México es un importador neto de capital.

Compárenlo con el excedente comercial de China con Estados Unidos, de 367 mil millones de dólares, el de Alemania, de 75 mil millones, y el de Japón, de 69 mil millones. Estos tres superávits forman parte de los excedentes aún mayores que cada país tiene con el mundo en general. Por supuesto, los países con superávit comercial deben exportar ese ahorro excesivo que no pueden invertir en el propio país, lo que también convierte a esos tres países en los tres mayores exportadores netos de capital, con 293 mil millones de dólares, 285 mil millones y 138 mil millones, respectivamente.

Su elevada tasa de ahorro refleja su bajo porcentaje de consumo del PIB, y el consumo es bajo en los tres países no porque sus ciudadanos sean extraordinariamente ahorradores, como se suele creer, sino porque a las familias corrientes se les paga un porcentaje desproporcionadamente bajo del PIB.

Esos bajos porcentajes benefician a los Gobiernos municipales en el caso de China, a las empresas en los casos de Alemania y Japón, y a los ricos en los tres casos.

Como su bajo consumo impide que estos países absorban todo lo que producen, tienen que exportar el excedente de producción, junto con el excedente de ahorro, a un mundo reticente a aceptar ambos. Los países que directa o indirectamente restringen la entrada de capital pueden acotar su vulnerabilidad a esos excedentes. Los que no pueden, como España en el caso del capital alemán, no tienen otra opción que absorber la entrada de capital y compensarlo con déficit comercial. Es lo que le pasaba a España antes de que la crisis de 2009 invirtiese el sentido del flujo de capital, e hiciese que la subida del paro socavase su capacidad de seguir manteniendo un déficit comercial.

Estados Unidos, con su consolidado y flexible mercado financiero, no impone ninguna restricción al capital, lo que lo convierte automáticamente en el amortiguador del excedente de ahorro del mundo. Casi la mitad de las exportaciones netas de capital del mundo van a parar a Estados Unidos, así que es, por defecto, el mayor acumulador neto de capital del mundo, y no puede evitar compensar esta entrada de capital mediante el déficit comercial correspondiente.

La mayoría de los economistas no entienden la relación entre el comercio y los flujos de capital, tal vez porque la situación era mucho más simple durante la mayor parte de nuestra historia. Antiguamente, el comercio entre dos países reflejaba sobre todo las diferencias entre los costes de producción. El capital se movía entre ambos principalmente para equilibrar las importaciones y las exportaciones. El sentido del comercio, en otras palabras, determinaba la dirección del flujo neto de capital.

Pero ya no. Los flujos de capital han crecido hasta ser un múltiplo enorme de los flujos comerciales, y el comercio de mercancías solo representa algo más del 1 por ciento del volumen comercial diario en divisas, según la UNCTAD. Ahora, las decisiones de inversión independientes que toman los gestores de fondos obligan al comercio a adaptarse, y la variación del precio relativo de los productos vendidos suele producirse mediante la modificación de los tipos de interés o los tipos de cambio, o el aumento del paro. Esta es la razón por la que no podemos entender los desequilibrios comerciales si no nos fijamos en los flujos de capital que los impulsan.

A diferencia de los países con superávit comercial, México no puede exportar capital ni tener excedente en su comercio exterior. En vez de eso, absorbe los ahorros y los productos manufacturados mundiales en exceso que, de otro modo, habrían agravado los desequilibrios mundiales e incrementado el déficit comercial estadounidense. El gran superávit comercial bilateral de México con Estados Unidos es, sobre todo, consecuencia de la comodidad logística de una frontera compartida y unos reglamentos eficientes. Un país con una demanda nacional insuficiente, como Japón, exportará directamente su ahorro excesivo a Estados Unidos, lo que exigirá que este tenga un déficit comercial con el mundo. Japón exportará indirectamente su exceso de producción a Estados Unidos mediante un superávit comercial de productos intermedios con otro país de la cadena de valor, quizás México, que a su vez tendrá un excedente respecto a Estados Unidos.

El déficit de Estados Unidos, en este caso, se origina en Japón, pero solo se manifiesta en el déficit con México. Si Washington penaliza las importaciones mexicanas, casi seguro que se reduce el déficit comercial de Estados Unidos con México, pero, paradójicamente, el déficit comercial de Estados Unidos con el resto del mundo podría aumentar todavía más. ¿Por qué? Porque la intervención de Estados Unidos haría que México resultase menos atractivo para el capital extranjero. A medida que se reduzca la entrada de capital, el déficit comercial de México tendría que disminuir, probablemente arrastrado por una mezcla de debilidad del peso y subida del paro.

Resulta inevitable que el capital que, en otras circunstancias, habría acabado en México termine en Estados Unidos, y mucho más si otros países latinoamericanos sufriesen un efecto de contagio de México. El aumento de la entrada neta de capital en Estados Unidos obligaría inexorablemente a ajustar los precios, lo cual elevaría el déficit comercial estadounidense de forma proporcional, aun cuando el déficit con México se redujese.

Washington no debería caer en el error de malinterpretar el superávit comercial de México con Estados Unidos. Un mayor déficit comercial de México con el resto del mundo reduce los desequilibrios mundiales y, en consecuencia, contribuye a frenar el déficit estadounidense. Está claro que el sistema mundial de comercio necesita arreglos, pero castigar a los exportadores mexicanos iría en contra de la decisión de Washington de reformar el comercio mundial. Y, lo peor de todo, solo serviría para desequilibrar aún más el comercio estadounidense.

**Aportación de Michael Pettis, economista. Reside en Pekín y es miembro de la Fundación Carnegie.

INMIGRACION

Estados Unidos es una idea, y una parte importante de esa idea es que es un país de inmigrantes. Trump es un retrógrado. Todo movimiento populista necesita un mito del pasado ("que América vuelva a ser grande de nuevo"), y un enemigo, que para Trump son los mexicanos y los musulmanes. Está tomando un camino muy peligroso, el del miedo. Ganó y fue capaz de intuir algo que está ocurriendo, de captar el miedo, la ansiedad ante la precariedad económica, el resentimiento, el sentimiento de que las élites actuaron con total impunidad en el crash de 2008. Y, al igual que en el caso del Brexit, se basó en mentiras, no hay otra palabra para ello.

Una vieja idea que tiene muchas bases para ser aplicada, es la de Huntington, quien afirma que la inmigración latina presenta un riesgo a la "seguridad societal" estadunidense, porque el volumen y la naturaleza continua del flujo migratorio, aunados a las características de los migrantes (católicos, poco orientados a la educación, interesados en la defensa de su propia lengua y cultura), ponen en riesgo la reproducción de la matriz angloprotestante que según Huntington está en el ADN cultural de Estados Unidos.

De manera análoga, aunque todavía más estridentemente racista, el ideólogo de Trump, Stephen Mller, se refiere recurrentemente en sus discursos a una novela francesa de los años setenta, The Camp of the Saints, para explicar la naturaleza y gravedad del problema de la inmigración.

Se trata de una historia de tonalidades virulentamente racistas que imagina un complot contra Europa, orquestado por un fanático religioso hindú que organiza una migración (invasión) masiva desde su país que acaba por sumergir a Europa entera en el primitivismo. La idea de Huntington, Miller y Trump es encastillar la sociedad estadunidense para garantizar la seguridad societal.

Vista desde este ángulo, la inversión en el muro es una pieza simbólicamente clave para aumentar el compromiso del Estado estadunidense con el diseño y la operación de una ingeniería poblacional que procurará aumentar todo lo posible la capacidad reguladora de flujos migratorios. Se trata de que el Estado pueda escoger exactamente quiénes y cuántos extranjeros entran al país. Como para que esta meta quedara perfectamente clara, Trump propuso admitir a los refugiados sirios que fuesen cristianos, al tiempo que prohibía el ingreso de los que fuesen musulmanes. Estos sí, aquellos no. Queremos tantos de estos y tantos de aquellos. El muro es, en resumen, una inversión en un modelo de sociedad en que el Estado regula a la población, con la finalidad de proteger una matriz cultural que definiría a la sociedad misma. Es el sentido del muro.

Aun así, los muros tienen siempre dos caras, por lo cual no pueden tener un sentido unívoco. Se pretende que la cara que el muro le dará a Estados Unidos será un espejo de la sociedad que Trump busca defender, y por eso el presidente ha insistido en que será "bello". Pero, ¿qué es lo que reflejará la cara que el muro le dará a México? Los apoyadores de Trump pretenden que los mexicanos que se vean reflejados en ella se descubrirán bárbaros; en este aspecto, el paralelo de este muro con la Gran Muralla china es evidente. Lo cierto es que el muro obligará a México a pensar en la clase de sociedad que opondrá a la de Estados Unidos, que opondrá a la sociedad que lo excluye, porque no habrá ya ni siquiera la ilusión de una integración norteamericana.

Una alternativa evidente para México será cultivar un nacionalismo paralelo al estadunidense: la raza del maíz enfrentada a la raza del trigo, como imaginó alguna vez Francisco Bulnes, o quizá la exaltación de aquello que Guillermo Bonfil soñó como un "México profundo", enfrentado a una matriz consumista y culturalmente "artificial".

Aunque en parte esta clase de reacción nacionalista será inevitable, optar masivamente por ella sería desperdiciar un muro que le costará mucho dinero a Estados Unidos. Será mucho mejor que México desarrolle para sí una versión propia de la sociedad abierta, como imagen contrastada a la nueva cerrazón estadunidense. Que una sociedad mexicana libre y abierta juegue frontón en el "bello muro" que terminará por asfixiar a la sociedad estadunidense en sus ínfulas de pureza.

Sería ingenuo decir que los Estados no se saltan constantemente el derecho de asilo. Pero ningún país democrático se había atrevido a suspenderlo de manera total y unilateral como hizo durante la primera semana del mandato de Trump, después de que firmara una orden ejecutiva que prohibía la entrada a todos los refugiados y a los ciudadanos de siete países de mayoría musulmana.

El jurista británico Philippe Sands, profesor de Derecho en el University College de Londres cuyo libro East West Street: On The Origins Of Genocide And Crimes Against Humanity aparecerá en español en 2017 en Anagrama, se pronuncia en un sentido parecido:

"Durante su conversación el pasado fin de semana, la canciller Merkel le recordó a Trump la Convención de Ginebra y el derecho de asilo. Esta convención fue adoptada como una parte del acuerdo internacional posterior a 1945. El asilo es un derecho fundamental, una de las armas de nuestro pacto global para prevenir el genocidio y los crímenes contra la humanidad". Con su orden ejecutiva, Trump no sólo borra de un plumazo todo este acervo jurídico, sino que se salta la tradición de su país, que desde su nacimiento fue una tierra de asilo para millones de irlandeses, italianos, suecos, noruegos o rusos que escapaban del hambre, de la pobreza o de la injusticia.

Para entender lo que significa la negación del derecho de asilo se debería viajar hasta la localidad catalana de Portbou, casi en la frontera con Francia. Allí se suicidó en 1940 el filósofo judío alemán Walter Benjamin, uno de los autores más influyentes y citados del siglo XX, cuando comprendió que el régimen de Franco le iba a entregar a los nazis.

El artista israelí Dani Karavan construyó un sencillo memorial, una estructura de hierro que abre una ventana al mar, para recordar que negar el refugio al que huye para salvar su vida es negar el futuro y la vida. Representa olvidar lo poco que hemos aprendido después de siglos de guerras, catástrofes y persecuciones.

Los dos decretos presidenciales que ha firmado Donald Trump en materia de inmigración contienen algunas de las restricciones más amplias aprobadas hasta ahora y ordena la expulsión de indocumentados sospechosos de haber cometido un delito antes de ser juzgados por ellos. Repasamos los decretos y los argumentos esbozados por Trump y que van más allá de la construcción del muro en la frontera con México:

"Muchos inmigrantes que entran ilegalmente o que se quedan en el país una vez caducados sus visados suponen una amenaza significativa para la seguridad nacional".

"Las ciudades santuario han causado un daño inconmensurable al pueblo estadounidense y la fundación de nuestra República".

"El aumento reciente de la inmigración ilegal en la frontera sur con México ha puesto una carga innecesaria en el presupuesto federal".

"Entre quienes entran ilegalmente se encuentran los que buscan dañar a los estadounidenses mediante actos de terrorismo o criminales".

"La inmigración ilegal presenta una amenaza constante a los intereses de EE UU".

La orden indica que se deberá priorizar la expulsión de Estados Unidos a aquellas personas que han sido condenadas o acusadas por una ofensa criminal, aunque la acusación no haya sido resuelta; han cometido actos que constituyen "una ofensa criminal punible", han cometido un fraude o empleado una identidad falsa ante una agencia gubernamental, han abusado de los programas de ayudas públicas, han recibido una orden de deportación o que "a juicio de un agente de inmigración" supongan un riesgo para la seguridad pública o nacional. Esto supone ampliar las categorías legales de aquellas personas que pueden ser deportadas de Estados Unidos, que bajo la Administración Obama se limitaba a quienes hubieran sido condenados por delitos.

La polémica ley de Arizona que en 2011 bloqueó la Corte Suprema por ser anticonstitucional, por ejemplo, tenía como objetivo a "sospechosos" de ser indocumentados.

El texto firmado por Trump va más allá y amenaza con la deportación a quienes, a juicio de un agente, puedan suponer una amenaza para la seguridad y aquellos acusados de delitos y que aún no han sido juzgados.

Trump recupera el programa "comunidades seguras". Se trata de una directiva federal que da permiso a las agencias de seguridad estatales a operar como agentes de inmigración. Es decir, los agentes de tráfico que den el alto a un indocumentado y detecten su estatus ilegal, podrán entregarles a las autoridades de inmigración para detenerles y proceder a su deportación.

Fin de las "ciudades santuario". Son lo contrario que el programa de "comunidades seguras": ciudades que se niegan a que sus agentes de seguridad entreguen a indocumentados a las autoridades de inmigración. La orden de Trump quiere terminar con ellas retirando los fondos federales a cualquier localidad que incurra en esta práctica. "Decenas de miles de indocumentados han sido liberados en nuestras comunidades por todo el país (...) Su presencia es contraria a nuestros intereses nacionales".

Detención de indocumentados. La Administración Trump también ha puesto fin a una práctica conocida como "catch and release" y que ordenaba la puesta en libertad de aquellos indocumentados detenidos nada más entrar ilegalmente hasta que recibieran una citación judicial.

La información de enero 2026, sobre la entrada a viviendas sin orden judicial presenta dos escenarios distintos, uno relacionado con ICE en Estados Unidos y otro con el marco legal en México.

1. Nuevas Órdenes de ICE (Estados Unidos - Enero 2026)

Memorándum Filtrado: Se ha divulgado un memorándum interno de ICE (inmigración de EE. UU.) con fecha de mayo de 2025/enero 2026, que autoriza a sus agentes a ingresar a domicilios sin una orden judicial firmada por un juez.

Órdenes Administrativas: Los agentes pueden usar órdenes administrativas (Formulario I-205) para realizar detenciones y, en ciertos casos, forzar la entrada si la persona buscada tiene una orden final de deportación.

Controversia: Esta directriz es altamente controvertida y se considera inconstitucional por defensores de derechos, ya que contradice la necesidad tradicional de una orden judicial firmada por un juez.

Derechos: A pesar de esto, se mantiene la recomendación de no abrir la puerta y exigir una orden judicial firmada por un juez, diferenciándola de una orden administrativa de DHS.

2. Entrada a Casas sin Orden Judicial (México - 2025-2026)

Protección Constitucional: La Constitución Política de los Estados Unidos Mexicanos (Artículo 16) protege el domicilio, requiriendo orden judicial para cateos.

Excepciones (Flagrancia): La policía solo puede ingresar sin orden judicial en casos de flagrancia (un delito ocurriendo en el momento y siendo presenciado por la autoridad) o emergencias urgentes.

Criterio de la SCJN: La Suprema Corte de Justicia de la Nación (SCJN) ha establecido que ni denuncias anónimas ni rumores justifican la entrada sin orden; debe ser un delito directo y evidente.

EE. UU./ICE: Se reporta una política agresiva que busca permitir la entrada sin orden judicial (con órdenes administrativas), elevando el riesgo para inmigrantes.

WALL STREET

El impacto de las políticas de Donald Trump en Wall Street durante su segundo mandato (2025-2026) ha sido una mezcla de euforia inicial por desregulación y volatilidad extrema debido a tensiones comerciales.

1. El "Trump Trade": Impulso Inicial y Ganancias
Tras su reelección a finales de 2024, el mercado reaccionó con optimismo ante la expectativa de políticas pro-empresariales.

Récords históricos: Para enero de 2026, el S&P 500 acumulaba un alza del 16% y el Nasdaq del 22% desde su toma de posesión.

Recortes fiscales: La aprobación de la One Big Beautiful Bill Act extendió los recortes de impuestos de 2017, elevando las expectativas de beneficios corporativos.

Desregulación: Sectores como el financiero, energético y de defensa se vieron beneficiados por la promesa de menores trabas operativas.

2. Choques por Aranceles y el "Día de la Liberación".

La implementación de aranceles agresivos ha sido el principal motor de inestabilidad:

Caídas masivas: El 2 de abril de 2025 (apodado "Día de la Liberación" por Trump), el anuncio de un arancel universal del 10% y tarifas específicas del 25% a México y Canadá provocó un desplome global, con el Dow Jones cayendo 1,600 puntos en un solo día.

Impacto en México y Canadá: Las amenazas de aranceles del 100% a Canadá y la presión sobre México generaron caídas en empresas con cadenas de suministro integradas en el T-MEC.

3. Incertidumbre y Dealmaking. Parálisis en fusiones y adquisiciones (M&A): La incertidumbre por los cambios de política rápidos y los aranceles de represalia enfriaron el mercado de fusiones, registrando a inicios de 2025 su nivel más bajo desde la crisis de 2009.

Conflicto con la Reserva Federal (Fed): La presión sobre Jerome Powell y la posibilidad de nombrar a un presidente de la Fed más agresivo han generado un "terremoto" de volatilidad en los bonos y divisas.

4. Inflación y el Dólar
Riesgo inflacionario: Analistas y el propio presidente de la Fed advirtieron que los aranceles podrían traducirse en una inflación persistente, obligando a mantener tasas de interés altas por más tiempo.

Debilidad del dólar: Recientemente, el dólar se ha debilitado frente a activos refugio como el oro, que ha alcanzado récords históricos debido a la desconfianza en el orden comercial internacional. Se dice que Trump está cumpliendo todo lo que prometió en la campaña electoral. No en el terreno financiero. El candidato que acusó a Wall Street de ser parte del problema tras presentarse como un millonario antisistema, se apoya en Wall Street para ejercer su labor de Gobierno.

Su secretario del Tesoro es un hombre de la banca de inversión (Goldman Sachs), y firmó la revisión de la Dodd-Frank en presencia de algunos de los banqueros más importantes del mundo (JP Morgan Chase, Blackstone) que aplaudían de manera frenética. Inmediatamente, la Bolsa de Nueva York comenzó a subir hasta superar todos los récords.

La iniciativa de Trump de desregular las finanzas semeja una de esas "ideas zombis" que definió Krugman: toda proposición económica concienzudamente refutada tanto por el análisis como por una masa de evidencias, que debería estar muerta pero no lo está porque sirve a propósitos políticos ajenos, apela a los prejuicios, o ambas cosas. Según el periodista de investigación David Cay Johnson, autor de la biografía "Cómo se hizo Donald Trump (Capitán Swing)", uno de los principios favoritos del nuevo presidente dice: "Devuelve un golpe más fuerte que el que recibiste". Eso es lo que está haciendo con el legado de Obama.

MEXICO Y TRUMP

La llegada de Donald Trump a la Casa Blanca el pasado 20 de enero y las primeras órdenes ejecutivas firmadas, ha encendido todas las alarmas en México, el país que ha ocupado un lugar central en el decálogo de promesas del presidente electo para "hacer a Estados Unidos grande de nuevo".

Si bien incluso los mercados dan por descontada una renegociación del Tratado de Libre Comercio de América del Norte TMEC y medidas migratorias más estrictas, aún quedan dudas sobre el alcance de las negociaciones.

La amenaza de Donald Trump de imponer aranceles a los automóviles de firmas estadounidenses fabricados en México que se vendan en Estados Unidos ha causado, con razón, preocupación —próxima al pánico— en la industria del automóvil y, en particular, en la rama de componentes del automóvil. Las razones de la inquietud hay que buscarlas en primer lugar en que el presidente electo confirma el frenesí proteccionista que anunció durante la campaña. Cada vez quedan menos dudas de que, en lo que se refiere a la industria y al comercio, Trump no se va a apear de la idea regresiva de que la economía americana es para los americanos, con las consecuencias que ello implica: bloqueo de mercados, aumentos de costes y pérdida de rentas, para Estados Unidos y para el resto del mundo.

Trump, al menos por lo que transmite en sus tuits, parece ignorar que la mayoría de las industrias tecnológicamente avanzadas, como la del automóvil, operan con cálculos integrados de costos y subcontratación de componentes al precio más bajo. Por la vía de nacionalizar el empleo y la producción, Trump convertirá la producción de coches de su país en una industria local.

5. Política antinarcotráfico.

En México se cumplieron ya 10 años de guerra contra el narcotráfico que ha costado la vida a alrededor de 200 mil personas -las cifras varían dependiendo de la fuente- y la desaparición de otras 28 mil. Además, el gobierno mexicano ha incrementado su presupuesto en materia de seguridad a una tasa de 15 por ciento anual.

Las políticas antinarcóticos en México, caracterizadas por una transición desde una "guerra" frontal militarizada (iniciada en 2006) hacia un enfoque centrado en las causas sociales ("abrazos, no balazos" entre 2018-2024 y ajustes hacia inteligencia en 2024-2025), han generado profundos efectos sociales, económicos y de seguridad.

Los principales efectos de estas políticas en los últimos años incluyen:

Militarización Continua de la Seguridad: A pesar del cambio de discurso, la presencia de las Fuerzas Armadas (SEDENA, Marina) y la Guardia Nacional en tareas de seguridad pública ha aumentado, con un despliegue un 76% mayor que en administraciones anteriores. La reciente reforma a la Guardia Nacional formaliza el traspaso de este cuerpo a la Secretaría de la Defensa Nacional, intensificando este modelo.

Violencia y Derechos Humanos: La estrategia ha conllevado altos costos en violaciones a los derechos humanos y un aumento en la violencia. Aunque se han reportado ligeros descensos en los homicidios dolosos hacia 2025, el impacto del crimen organizado sigue siendo uno de los principales problemas del país, afectando la calidad de vida.

Resultados Mixtos de la Estrategia "Abrazos, no balazos": Críticos señalan que esta política permitió una mayor penetración del crimen organizado en territorios y gobiernos locales, incrementando la impunidad. Otros enfoques destacan la atención a las causas sociales (jóvenes) y la coordinación, mostrando resultados mixtos.

Aumento de Detenciones y Foco en Inteligencia (2024-2025): En el periodo de octubre 2024 a enero 2025, se registraron más de 10,000 detenciones por delitos de alto impacto y aseguramiento de drogas. Las estrategias actuales buscan fortalecer la inteligencia e investigación sobre la fuerza bruta.

Impacto Económico: El narcotráfico genera importantes flujos financieros ilícitos, con ingresos para grupos criminales calculados en miles de millones de dólares. La penetración de "narcodólares" influye en la economía formal e informal.

Adaptación Criminal: Tras 2020, los grupos criminales adaptaron sus estrategias, intensificando el control territorial y diversificando sus actividades delictivas (extorsión, tráfico de personas).

En resumen, las políticas antinarcóticos en México han luchado por encontrar un equilibrio entre el control territorial, el respeto a los derechos humanos y la reducción de la violencia, resultando en un modelo híbrido que sigue dependiendo de las fuerzas militares mientras intenta incorporar inteligencia y programas sociales.

A. Inversión internacional.

El cambio en los niveles de inversión se demuestra la declinación de los Estados Unidos y el no crecimiento de Japón y el impresionante despegue de China como los mayores inversionistas en el mundo. Es cierto que los flujos de inversión extranjera son más importantes que antes y representan una mayor parte del PIB, ¿Pero es el concepto de globalización adecuado para explicar ese flujo? Nuevamente la aproximación histórica contradice la visión de muchos economistas y políticos quienes dibujan sus conclusiones en el estudio de cortos periodos de tiempo. Como países receptores de esa inversión avanzan China y la India dejando atrás la visión de que la globalización requiere de un avance democrático en su política interna (China) o de que es necesario un nivel de internacionalización mínimo en el caso de la India.

Con la internacionalización del comercio, el acercamiento a los mercados globales y la nueva distribución de la geografía industrial que se desplaza de los países industrializados a los que están en vías de industrialización, los primeros se dedican a darle valor agregado a los productos, significando por ello, una nueva forma de industrialización donde la fuerza bruta es sustituida por la inteligencia. Una nueva geografía industrial empieza a configurarse con estas dos orientaciones, esa configuración es muy diferente a la que se dio como resultado de la segunda y tercera revolución industrial.

La cuarta revolución industrial (Industria 4.0) se caracteriza por la transformación digital y la creación de "fábricas inteligentes" mediante la interconexión de sistemas ciberfísicos, inteligencia artificial (IA), Internet de las Cosas (IoT) y big data. Permite una producción automatizada, personalizada y en tiempo real, aumentando la eficiencia y flexibilidad operativa.

Características Principales:

Sistemas Ciberfísicos e Interconectividad: Integración de máquinas físicas con sistemas digitales e internet, permitiendo la comunicación entre componentes, productos y sistemas de gestión.

Inteligencia Artificial y Big Data: Uso de grandes volúmenes de datos para el aprendizaje automático (ML), análisis predictivo y toma de decisiones automatizada.

Fábricas Inteligentes (Smart Factories): Producción automatizada, autónoma y optimizada con sensores, robótica avanzada y mantenimiento predictivo.

Automatización Avanzada: Robots y máquinas inteligentes que realizan tareas complejas, disminuyendo la intervención humana y aumentando la precisión.

Fabricación Aditiva (Impresión 3D): Producción de componentes personalizados y complejos, facilitando prototipos rápidos.

Tiempo Real: Capacidad para monitorear, ajustar y responder a cambios en la producción o la demanda de forma instantánea.

Colaboración Humano-Máquina: Interacción más segura y fluida, incluyendo el uso de realidad aumentada y virtual.

Sostenibilidad y Eficiencia: Optimización de recursos y reducción de residuos mediante procesos inteligentes.

La Industria 4.0 transforma la cadena de valor, facilitando la personalización masiva de productos y la eficiencia operativa en tiempo real.

En ese entorno, el comercio Internacional de rápida internacionalización alterna con regresos al pasado. El modelo de Trump de construir todo en su país no es viable. Este hecho da diferentes perspectivas en la tesis de que la globalización es un movimiento irreversible. El cambio más significativo es el institucional. Este caso no se revela claramente con un análisis estadístico en el cual se observa el desarrollo de las economías.

B. Las falacias de la globalización.

Hemos visto que se ha convertido en moda ahora afirmar que la era del Estado es superior, y que la gobernabilidad en el plano nacional es ineficaz en la intención de globalizar procesos económicos y sociales. La política nacional y las elecciones políticas han sido trazadas por el mercado mundial y por las fuerzas financieras que son más fuertes y sólo son igualadas por los Estados más poderosos. El capital móvil y sin ningún apego nacional, ubicará la ventaja económica dondequiera que exista, pero la labor de ambos es ubicarla nacionalmente y ajustar sus expectativas políticas para encontrar las nuevas presiones de competitividad económica.

Los regímenes nacionales distintos con derechos de trabajo extensivo y la protección social se tornan así, obsoletos. Tal demasía es una contradicción en política monetaria y fiscal a las expectativas de los mercados globales y las empresas globales. El Estado nacional ha cesado de ser un gerente económico efectivo dicen. Este poder único provee ese capital social internacional de servicio público considerado una necesidad y al costo más bajo posible.

Para los países industriales desarrollados la retórica de la globalización es una fortuna. Esto provee un nuevo derrotero después del desastroso fracaso de la política monetaria y radical e individualista en la década de 1980. Los derechos de trabajo y el bienestar social del tipo práctico en la era de la gestión económica nacional rendirán a las sociedades occidentales incompetentes con relación a las nuevas economías industrializadas.

Para la izquierda radical el concepto de globalización también provee alivio desde un tipo diferente de callejón sin salida en el ámbito político. Enfrentadas con el desplome del socialismo real y de las pugnas antiimperialistas del tercer mundo, la izquierda puede ver en la globalización la realidad continuada del sistema mundial capitalista. Esta es una capacidad de poder ver también la futilidad de estrategias reformistas democráticas sociales nacionales. La izquierda revolucionaria puede debilitarse, pero los reformistas pueden sostener no poseer más una política pragmática y efectiva.

El predominio de mercados internacionales volátiles, el cambio a métodos flexibles de producción y el radical retorno de la fuerza laboral, el crecimiento vacilante e incierto en los países avanzados, la declinación del trabajo organizado y corporativo, la intermediación, todo se sostiene, rendido a las estrategias reformistas obsoletas y redujeron los procesos centralistas políticos nacionales, para que se transformaran y fueran competitivos o cooperativos.

Hay alguna verdad en la propuesta de que la política nacional en los países avanzados es cada vez más una política fresca. Esto no es más una materia de guerra y paz, o de conflicto de cualquier clase. Esto no es más una materia de movilización masiva para la vida o muerte de los esfuerzos comunes nacionales. Para la globalización, la llana política nacional iguala al menor saliente pero no puede alterar muchos resultados económicos y sociales, negocios necios que adoptan estrategias intervencionistas que socavan la competitividad nacional.

La política nacional de aquí en adelante tiene lugar para llegar a ser más como política municipal, una materia para proveer servicios mundanos. Así la energía desagua fuera de las políticas convencionales, lejos de partidos establecidos, gente de valor deja de sentirse atraída por una carrera política. La energía fluye en acciones civiles y en la política de la moralidad (en puntos como aborto, derechos humanos, derechos animales y el ambiente). La política activista o "caliente" puede jugar tanto a la política primaria sin temor a que esto distraiga o desvíe la atención de puntos nacionales vitales porque ahora se consideran mundanos.

Sin embargo, lamentablemente, cuanto mayor es el grado de competencia- ...- mayor es el grado de estrés y ansiedad experimentado por los participantes en el mercado. Por lo que "la totalidad del mundo desarrollado y una proporción cada vez mayor del mundo en vías de desarrollo han optado por aceptar un grado menor de bienestar material a cambio de una reducción en el estrés competitivo (Greenspan, 2008: 567).

La declinación de la política centralista nacional, de guerra, de clase de conflicto y revolución, de gestión económica efectiva y la reforma social, libera fuerzas políticas por la necesidad de colaborar contra enemigos o para colaborar para mantener la prosperidad nacional. De aquí en adelante el estilo de vida religioso, étnico y pluralista puede expandirse dentro de tales Estados y los grupos dentro de los Estados nacionales pueden crecer en importancia como focos alternativos de lealtad para sus miembros.

CAPÍTULO V

C. GLOBALIZACIÓN, IMPACTO.

Para unos la globalización implica el libre movimiento de bienes y servicios a través de las fronteras regionales y nacionales, otros incluyen al libre tránsito de las personas, y por sobre todo, las formas tangibles e intangibles de capital. Para otros más, la globalización tiene su fundamento basal en la libertad, y enfatizan su vinculación con personas y culturas, además de considerarla más como un proceso que una arquitectura. Es definida como "un libre movimiento de bienes, servicios, ideas y personas alrededor del mundo" (Micklethwait y Wooldridge, 2003: XIX).

Algunos más ven el aspecto de globalización corporativa cuando las empresas están involucradas compitiendo en mercados internacionales abiertos, expandiendo sus recursos e intercambiando bienes y servicios en un mercado mundial con poca o nula interferencia de los gobiernos; otros la ven como la fuerza impulsora detrás del daño del medio ambiente y de la cultura. Pero la globalización es más que simplemente negocios que se conducen globalmente, cosa que se ha hecho durante el último medio siglo.

Otros emplean el término globalización para concentrarse en las formas institucionalizadas de los mercados financieros y de tecnología en ciertos sectores de la industria manufacturera y de servicios. Se enfatiza el incremento de las restricciones en el nivel de gobierno que previene de las ambiciosas políticas económicas que difieren significativamente de las normas aceptadas en los mercados financieros internacionales. Otros más, lo ven como un proceso de unificación ineludible de sociedades como sucede en la Unión Europea - atada al factor económico - que será el crisol donde se forje una nueva cultura y una nueva sociedad realmente global. Ello llevará -dicen- al nacimiento del ciudadano del mundo y del gobierno mundial.

Después de la revolución industrial, la globalización es el proceso que más ha contribuido al rediseño de los arreglos políticos y económicos más importantes del planeta (Mander y Goldsmith, 1996). No es algo que se esfuma. No se irá pronto de nuestras vidas. "No es una tendencia pasajera. Es un sistema internacional - es el sistema internacional dominante que reemplazó a la Guerra Fría después de la caída del Muro de Berlín" (Friedman 2000, p. 7). Burbules y Torres (2000, p. 12) se preguntan si no "... estamos a la vista de una nueva época histórica, la configuración de un Nuevo Sistema Mundial, o si estos cambios son verdaderamente tan significativos que no tiene precedente alguno, sólo son paralelos, por ejemplo, a cambios similares de la Edad Media. La globalización "incrementa la libertad de las personas al darle forma su sus propias identidades en lugar de asumir aquellas de sus ancestros" (Micklethwait y Wooldridge, 2003, p XIX).

Quizá se pueda cuestionar si los cambios provocados no tengan precedente alguno, pero no existe duda alguna que la globalización libera las fuerzas primarias que son las impulsoras de los actuales cambios sociales, económicos, culturales, organizacionales y personales de la sociedad globalizada. Esto coloca a la globalización sin duda alguna, como el factor que dirige y lidera el cambio en el mundo actual.

Desde una perspectiva de sistemas, la globalización es el sistema social y económico dominante que reemplazó el viejo sistema de la Guerra Fría y que tiene "influencia [en] la política, el medio ambiente y la economía de virtualmente todos y cada uno de los países del planeta" (Friedman, 2000: IX). Casi todos los países están sintiendo su influencia, restricciones y oportunidades del proceso de ajuste al sistema global. Nader y Wallach (1996, p. 94) la describen como un modelo económico que "establece limitaciones supranacionales en la habilidad práctica y legal de cualquier país de subordinar su actividad comercial a los objetivos de una nación". Velásquez (2000: 343) la describe como el "proceso por el cual una empresa establece sus unidades operativas en más de un país, llegando, entonces, a ser lo que se ha llamado una empresa transnacional.... en referencia a la inversión".

También la globalización puede entenderse como un complejo proceso de transformaciones económicas, sociales y políticas, que prolongan la "gran transformación" de los siglos pasados. Éste es el punto de partida para una definición sistematizada por David Held (2007). Según Held, la globalización es un conjunto de procesos que encarna una transformación en la organización espacial de las relaciones y transformaciones sociales - evaluadas en términos de extensión, intensidad, velocidad, e impacto-, generando flujos transcontinentales o interregionales y redes de actividades, interacción y ejercicio del poder.

Las características actuales de un mundo globalizado permiten que no sea necesario salir del hogar para consumir, para ello existe la Internet, creando un mercado único con enormes economías de escala que permiten que se haga o se venda el mismo producto en todo el mundo al mismo tiempo.

Sin embargo, debido a su complejidad está claro que no podemos analizar el fenómeno de la globalización bajo el marco teórico analítico y disciplinario convencional. Para otros autores los marcos de referencia habituales y sus principios organizadores implican una problemática más allá de lo común para ser entendida sin un respaldo fuerte en las herramientas analíticas de la economía y la sociología (Shaw, 2002; Agnew, 2005; Scholte, 2005). Otros han caracterizado a la globalización en términos económicos tales como la cantidad de flujos de capital o el número de transacciones internacionales, mientras otros más, como Nader y Wallach (1996, p. 94) la describen como un modelo económico que "establece limitaciones supranacionales en la habilidad práctica y legal de cualquier país de subordinar su actividad comercial a los objetivos de una nación". Velásquez (2000, p. 343) la describe como el "proceso por el cual una empresa establece sus unidades operativas en más de un país, llegando, entonces, a ser lo que se ha llamado una empresa transnacional.... en referencia a la inversión". De acuerdo con Friedman (2000, p. 406):

"La globalización es todo y su opuesto. Puede ser increíblemente poderosa y coercitiva. Puede ser un factor para democratizar las oportunidades y también democratizar el pánico…..Te deja atrás cada vez más rápido y más rápido, y puede actualizarte cada vez más rápido y más rápido. Mientras, puede ser una fuerza homogeneizadora de culturas, al mismo tiempo permite también a las personas compartir su individualidad única más lejos y en términos más amplios…..nos permite, como nunca antes fue posible, tener a nuestro alcance el mundo en su totalidad y le permite al mundo alcanzarnos a cada uno de nosotros como nunca antes".

Con el mundo a "nuestro alcance" y las herramientas jurídicas actuales es posible diseñar un sistema donde las empresas globales subordinen sus intereses a los de las naciones huésped, además de que se "avance hacia la sostenibilidad medioambiental de forma socialmente equitativa, que reduzca las desigualdades de renta y resuelva el problema de la pobreza, pero al mismo tiempo solucione el problema del medio ambiente. ¿Se pueden idear mecanismos comerciales, sistemas de precios y productos y otras cosas de forma que sea posible esta transición hacia el Modelo …social "(Mander, Cavanagh et al, 2003, p29)?

Los movimientos ciudadanos "ven una realidad muy distinta. Centrados en las personas y en el medio ambiente, ven un mundo sumido en una crisis de tal magnitud que amenaza el tejido de la civilización y la supervivencia de la especie, un mundo de desigualdades que aumentan a toda velocidad, de una erosión de las relaciones de confianza y de atención, y de fracaso de los sistemas planetarios de apoyo a la vida". (Mander, Cavanagh et al, 2003, p17).

Obviamente no se pueden negar las tendencias a incrementar la institucionalización de los procesos que han ignorado o rebasado las restricciones de las políticas nacionales al disolver las distintas economías nacionales, culturas y sociedades nacionales en el mundo avanzado industrial y ha propiciado reformas en los países en vías de industrialización por la necesidad de insertarse y navegar en la corriente globalizadora. La impactante visión que la globalización requiere una nueva economía internacional que subsuma y subordine los procesos nacionales sin descuidar los mecanismos de control, se hace evidente al analizar los impactos de los flujos de capitales sin control que afectan no solo a los países de donde salen sino a la economía global en su conjunto.

Con respecto a las protestas contra esta orientación transformadora de la globalización, muchas personas de los medios de comunicación han intentado reducir los complejos temas de estos movimientos "a una batalla simplista entre «proteccionismo» y «apertura», o entre «anarquía» y «un proceso democrático ordenado». En Norteamérica y Europa, se desprecia a quienes participan en las protestas, y se les tacha de hijos malcriados del privilegio: unos descontentos egoístas y mal informados que acabarían con el comercio y la cooperación internacional". (Mander, Cavanagh et al, 2003, p15). La globalización genera desequilibrios que llevan a cuestionar la responsabilidad de las empresas con la comunidad y el compromiso organizacional. Ello minimiza la rendición de cuentas y propicia protestas de la gente que se siente aislada y anónima en un mundo global.

También sopesa nuestro vínculo y contexto comunitario y personal al mismo tiempo que permite que sea fácil nuestra invisibilidad y a menudo sirve para evadir obligaciones y darle la vuelta a los asuntos" (Dalla Costa, 1998, p. 20). De esa manera es más fácil evadir la responsabilidad individual que se tiene acerca de los factores negativos de la globalización, y se hace con mucha o poca conciencia o involucramiento en aspectos tales como los costos y las externalidades de la globalización y de la aplicación de normas para la protección ambiental, y todavía quedan temas por incluir en el análisis, tales como la energía, la ética y la responsabilidad social empresarial de quienes toman las decisiones globales.

Los miembros del Foro Internacional sobre Globalización que realizan el Foro Social como contraparte al Foro de Davos tienen como objetivo más inmediato el enmarcar los temas de las alternativas a la globalización "reconociendo que alcanzar un consenso aunque sea entre pocas personas, y no digamos cuando se trata de millones, es una labor mucho más compleja y difícil que llegar a un acuerdo sobre aquello a lo que nos oponemos. Esto es algo inmediato y concreto. Junto a miles de millones de otros seres humanos, vivimos y respiramos las consecuencias de la globalización corporativa, y compartimos el gran dolor que inflige a la humanidad y a la Tierra". (Mander, Cavanagh et al, 2003, p13).

Estas definiciones derivadas del análisis teórico desechan de alguna manera la idea que la globalización es un fenómeno generado a partir de un proceso espontáneo del mercado derivado de los esfuerzos de los agentes económicos individuales (especialmente las organizaciones transnacionales) en búsqueda de mayores ganancias que les permitan disponer de los recursos financieros requeridos para asegurar un lugar en las organizaciones con un mayor grado de innovación científico-tecnológica para la generación de bienes y servicios. Afirmamos que existe una orientación de las grandes empresas y de los grandes grupos financieros a darle forma y dirección.

Los movimientos ciudadanos reconocen que los globalistas corporativos no pueden dar lo que prometen, porque los imperativos económicos rígidos y miopes por los que se rigen sus organizaciones son la antítesis de esas promesas. Es posible que muchos actúen con las mejores intenciones, pero su propio éxito económico les impide ver los costos que este éxito tiene para quienes no tienen sitio en la mesa, incluidas las generaciones futuras (Mander, Cavanagh et al, 2003, p18).

En el debate sobre la globalización, se puede identificar a los "entusiastas" o "hiperglobalistas", que ven en la globalización sobre todo oportunidades, y a los "escépticos", que ven en ella más que nada peligros. Habría que cuestionarse si tiene sentido decidir normativamente en pro o en contra, porque la globalización, es, sobre todo, un proceso histórico de transformaciones sociales, políticas y económicas.

Y por lo que se refiere a la acusación de ir en contra del comercio, los "escépticos afirman que "muchos de los líderes del movimiento (contra la globalización) participan activamente en el fomento del comercio justo -frente al comercio libre, muchas veces explotador, al que se oponen-, como medio para mejorar la situación económica de los pobres y de sus comunidades". (Mander, Cavanagh et al, 2003, p16).

Dentro de cada extremo de críticas y apoyos se utilizan marcos teóricos distintos, por lo que coexisten múltiples discursos acerca de la noción de globalización, cada uno de ellos utiliza una tradición diversa, desde los que utilizan como base argumental la economía neoclásica hasta aquellos que utilizan emplean como base argumental la teoría del sistema mundial. Hasta la fecha no se puede afirmar que ninguna de estas nociones haya adquirido, todavía, el estatus de ortodoxia (Held y McGrew, 2000: 2).

El límite del debate se fija en la fisura existente entre los que consideran la globalización contemporánea como un fenómeno real y significativo del desarrollo histórico (los globalistas) y los que la conciben como una construcción ideológica o mítica, como un concepto de valor explicativo marginal (McGrew y Held, 2000:2).

Los elementos de análisis del debate son además distintos. Escépticos y globalistas utilizan elementos de análisis no coincidentes: los primeros, sobre todo, desde un análisis riguroso de la historia, mientras que los globalistas enfatizan las nuevas tendencias. Mientras que los escépticos se centran en la organización de la producción y del comercio durante el siglo XX, los globalistas se centran en la desregulación financiera y en la explosión de los mercados financieros en los últimos 25 años. Por otra parte, globalistas y escépticos coinciden en reconocer el aumento de la interconectividad regional, el impacto de la competencia global sobre las viejas jerarquías, los problemas transnacionales y transfronterizos, en la expansión de la gobernabilidad internacional y en la necesidad de buscar nuevas formas de pensar la política, la economía y el cambio cultural.

Los críticos o escépticos de la globalización parten de la imposibilidad de referirse a la globalización como fenómeno universal. Critican también el eje de la espacialidad que utilizan los globalistas. Señalan que este análisis especial dificulta el examen de la articulación de las dinámicas globales en espacios nacionales, internacionales y transnacionales, y en último término, incapacita poder comprobar la articulación global de forma empírica. A causa de esta limitación empírica se entendería que el concepto de economía global o cultura global sería una mera abstracción.

Un tercer elemento de crítica que utilizan los escépticos, probablemente el más utilizado, es que olvidan los análisis realizados desde la historia económica.
Es decir, al enfatizar el momento actual como una fase de cambio global, enfatizan la etapa de internacionalización económica, de regionalización y de triadización, en los sistemas de agrupación geográfica (*geographical clustering*) de los intercambios económicos y sociales (Held y McGrew, 2000: 5).

Los escépticos utilizan con frecuencia un marco explicativo marxista y realista. Los marxistas sostienen que el orden social capitalista funciona por una lógica expansionista, buscando insaciablemente nuevas geografías para las relaciones sociales capitalistas. Mientras que los realistas sostienen que los protagonistas del orden social internacional son los Estados y sus agentes con poder económico y militar.

Los globalistas, en contra de los escépticos, afirman que se han constatado cambios sustanciales que reflejan transformaciones estructurales en la organización social moderna.

La mayoría de los autores aluden a: la expansión de las compañías multinacionales, los mercados financieros mundiales, la difusión de una cultura popular global, la degradación económica mundial. No obstante, no hacen referencia un proceso unidimensional de la globalización relativo a la dimensión económica, sino que abarcaría otras dimensiones de actividad social. De este modo, utilizan un marco de análisis multidimensional más acorde con una visión weberiana, postmarxista y postestructuralista. Se concibe la realidad social como constituida por una serie de órdenes o redes sociales de poder: económico, tecnológico, político, cultural, natural, etc. (Giddens, 1990).

El análisis de la interrelación de las diferentes jerarquías espaciales (a través de la regionalización y la localización) se tornan, desde esta perspectiva, relaciones fluidas y dinámicas. Se trata de una reorganización del espacio y del tiempo en nuevos patrones de interrelación social, posibilitando nuevas formas de organización social transnacional y reordenando, también, las relaciones entre el territorio y el espacio socioeconómico y político.

La perspectiva histórica de los globalistas se basa en la perspectiva de longue durée de Braudel, en el análisis de los modelos de cambio histórico a través de los siglos. La comprensión de la globalización histórica se fundamenta en los sistemas y modelos de interconexión global y los cambios en la configuración regional de los sistemas de poder. Esta perspectiva de análisis sociohistórico presume la existencia de una sociedad mundial o una sociedad global, evitando una perspectiva teleológica o determinista. Al rechazar las interpretaciones historicistas o deterministas de la globalización, sostienen una visión abierta del cambio global.

La multiplicidad de fuerzas que peculiarizan el fenómeno de la globalización hace que los procesos que conlleva sean de naturaleza cooperativa pero también de naturaleza conflictiva: integración y fragmentación, exclusión e inclusión, convergencia y divergencia, orden y desorden (Rosenau, 1997).

Pero frente a esta pretensión se alzaba la clásica objeción según la cual un mundo anárquico como el generado por la globalización no podía prestarse a ninguna teorización particular; por ser una utopía, en todo caso ese mundo globalizado podía ser "observado", como un barullo o un evento natural. Aun así, precisamente, la situación anárquica (o la pérdida de control) en la que se han sumido todas las manifestaciones de la acción humana vuelve a poner a discusión todo esto.

En otro apartado haremos referencias específicas. No obstante, es posible dar muchos ejemplos de los efectos de la globalización: basta retomar el que ya se ha vuelto costumbre, es decir, el de las autopistas de la información, en las que todos pueden "interactuar" sin portar licencia, o sea, lo mismo colocar en esas autopistas un catálogo para pedófilos u otros con inclinación a la pornografía; que el catálogo de las obras del Museo del Louvre. Las transacciones financieras internacionales también muestran como con un "return" en la computadora, miles de millones de dólares se convierten en imágenes binarias y se trasladan sin control alguno a cualquier parte del planeta. Y nadie está, ni estará, en control de esos procesos.

Podemos concluir que hoy, las culturas regionales se ofrecen al consumo global, son comparadas unas con otras por Internet y por la televisión satelital, y abren sus fronteras de un brutal modo darwiniano. Con ello, la globalización puede ser profundamente desorientadora. Las personas pierden la dirección en el mundo cuando arrancan de raíz sus propios fundamentos culturales o los reducen a una especie de pulpa global.

El poder que impulsa el desarrollo se ha desplazado a las empresas e instituciones globales, quienes por definición hacen negocios globales, necesitan acceso global, y por ende, deben preocuparse por su reputación ambiental en el mundo por satisfacer expectativas de los "ambientalistas" que luchan eficazmente para mantener un equilibrio mundial en el ecosistema.

Surge entonces la pregunta ¿Cómo enfrentan las empresas la globalización? En primer lugar, se han observado dos situaciones: las grandes empresas en parte internacionalizadas, han debido pasar a otro nivel de dimensión; es decir, han participado de operaciones muy importantes de fusión y adquisición, de compra de otras empresas y toma de participación financiera para poder estar presentes en otros mercados. Se produjo así en América latina un aumento espectacular de las inversiones extranjeras.

Para las empresas medianas o más pequeñas, la globalización no ha significado una inserción mundial, porque no tenían los medios; la globalización ha significado la europeización y americanización de su perspectiva, es decir, el anclaje regional. Por lo tanto, hay que tener siempre presente esta idea: la globalización es también la regionalización. Si miramos el aspecto más cualitativo de los cambios y mutaciones de las empresas llamadas ganadoras (un término que no nos gusta mucho), aquellas totalmente adaptadas a la globalización; percibimos hacia dónde han orientado primordialmente sus inversiones, en comparación con los lugares en que colocó sus inversiones el promedio de las empresas.

Se observa que las inversiones esenciales fueron hechas en mejoramiento de la logística, en investigación y desarrollo, en el mejoramiento de los servicios que se prestan junto con los productos, el desarrollo de sucursales en el extranjero y muy poco en economías de escala o en inversiones tecnológicas.

Esto quiere decir que los esfuerzos esenciales se centraron sobre lo que podríamos llamar elementos de competitividad no en reducción de costos, calidad de los servicios, investigación y desarrollo, mejora de la logística, para responder a los problemas de variedad cultural; o sea, a la diferencia en las demandas de diversos países.

Resumiendo, las corrientes principales de los escolares globalistas se ubican en tres sentidos: los hiperglobalistas, los escépticos y los post escépticos (Holton, 2005; Held y McGrew, 2007). Las olas de teóricos de la globalización tienen distintas posturas con respecto a la RSE. Sus intereses de investigación y problemáticas abordadas difieren significativamente desde posturas intelectuales que van desde los llamados teóricos, los históricos, los institucionalistas y los constructivistas sociales.

La oleada de los teóricos se ocupó principalmente de la distinción y orientación conceptual de la globalización y el anclaje con el mundo de las organizaciones globales (Giddens, 1990; Harvey, 2003; Omahe, 1995).

La oleada histórica utilizando las bases de la sociología histórica del desarrollo global se ocupó de investigar de qué manera la globalización puede ser definida en su contexto histórico y en su propia realidad social y sus efectos transformacionales sobre la sociedad y la organización. La oleada de los institucionalistas se centró en la convergencia y divergencia del cambio institucional (Held, 2004; Campbell, 2004; y Cowen, 2004).

Los constructivistas sociales enfatizan la importancia de las ideas y el cambio normativo dentro del proceso histórico de creación y recreación de la globalización. En este sentido la cultura juega un papel importante en la construcción social del fenómeno globalizador (Wolf, 2004, Saul, 2006).

Estos enfoques modernos de la globalización reconocen la emergencia de un modelo o sistema nuevo con características diferenciadoras que lo hacen significativamente causal y no lo ven como un simple fenómeno económico.

La vertiente de los cambios sociales y culturales es una de las aristas en las que confluyen mayormente las críticas la globalización i es también el talón de Aquiles por la imposibilidad de defenderla. La descripción de un mundo en el futuro con culturas homogeneizadas propicia la apertura al análisis de las dimensiones sociológicas, políticas, culturales e historiográficas, semblanzas de la globalización destructora de proceso culturales locales que siempre se enfocaron a la connotación y simbología de su compañera cercana: la categoría de modernidad. Como asevera Mendis (2007,1) "no vivimos en la isla de Robinsón Crusoe, fuerzas y procesos globales han influenciado los aspectos más personales de nuestras vidas —desde el petróleo, las ideas, el capital, las ropas, los automóviles y las películas, hasta llegar a cualquier artículo consumible diariamente". Ese cambio cultural lo están propiciando las empresas globales, transformando la cultura de las comunidades locales al incorporar elementos externos.

Es cierto que con el transcurso del tiempo los valores de las personas cambian, y la sociedad y la cultura lo hacen también. La reestructuración del capitalismo global y la revolución tecnológica son responsables de una diversidad de cambios entre los que se incluyen la manera en que pensamos y actuamos, nuestras creencias y valores y la forma en que desarrollamos y manejamos las organizaciones. Los valores no son siempre fáciles de entender; ellos son difíciles de cuantificar y de conceptualizar.

Una vez que desarrollamos los valores, estos se convierten en un criterio importante de significación para nosotros (Hultman y Gellerman, 2002), cosas que pueden parecer simples como la disciplina, la responsabilidad o el compromiso que fomentan las empresas globales se incorporan como patrones locales en las comunidades donde se alojan. Cuando existen acciones en conflicto con valores generalmente resultan en dilemas éticos. Los valores están vinculados con la práctica. Los valores proveen a los individuos de un esquema conceptual para resolver los conflictos al momento de tomar decisiones. Los valores nos proveen de una explicación poderosa de las conductas individuales y sociales (Maznevski y Peterson, 1997), la conducta de las organizaciones y la productividad de las naciones y de las sociedades (Hofstede, 1998).

La sociedad y los individuos son bombardeados por un enorme y amplio espectro de tecnología e influencias globales que están reestructurando cada aspecto de su experiencia, presente y futura, y lo hace tanto en lo social como en lo laboral. Sin los cambios socioculturales, no pueden ocurrir los cambios políticos, sociales y organizacionales. Esta es la triada de los fundamentos de la moderna teoría respaldad por Marx, Weber, Deutsch, Bell y Toffler entre otros. La modernización implica que los cambios sociales y políticos son resultado de cambios en la fuerza de trabajo, cambios en las telecomunicaciones y cambios en la economía. Los patrones culturales y los cambios culturales están cercanamente vinculados a las características de los valores humanos. La postmodernidad, a su vez, está relacionada con las diferentes creencias de aquellas que caracterizaron a la modernidad.

En muchas de nuestras sociedades postmodernas de hoy, la occidental en particular, en enfoque económico está siendo desplazada por un enfoque que enfatiza los aspectos de la calidad de vida. Lo que caracteriza este cambio de valores son la auto expresión individual, la diversidad de estilos de vida, la construcción de la realidad, los cambiantes roles de los géneros, las diferentes creencias no seculares, la importancia de la tolerancia, la creatividad, la expresión de las emociones y la intuición.

Para lograr cambios en los valores sociales es necesario dar menos mantenimiento al orden establecido y sus controles y dar más libertad en la toma de decisiones a los ciudadanos, más democracia, libertad de expresión y propiciar más la diversidad y la crítica.

La postmodernidad, afortunadamente, también incluye conflictos entre diferentes ideologías, grupos étnicos y géneros. Estamos presenciando un incremento de los conflictos ideológicos de una manera global, cuya representación más clara estriba en el choque de la cultura musulmana contra la occidental actualmente en escalada.

I. La dimensión cultural

Así comprendida, la globalización tiene múltiples dimensiones, ya analizamos la globalización económica la globalización política, ahora lo haremos con la globalización cultural, que se relaciona, por una parte, con la interconexión, evolución y cambio creciente entre todas las culturas (particulares o mediáticas) y, por otra, con el flujo de informaciones, de signos y símbolos a escala global donde la televisión por cable y por satélite representa la dimensión más representativa de la globalización. Su idioma universal es el inglés. Las formas de entretención y ocio en todo el mundo están crecientemente dominadas por imágenes electrónicas que son capaces de cruzar con facilidad fronteras lingüísticas y culturales y que son absorbidas en forma más rápida que otras formas culturales escritas. Las artes gráficas y visuales, especialmente a través de los computadores, televisores y juegos electrónicos, reconstituyen la vida cotidiana y sus entretenimientos en todas partes. En general respondemos con pasividad ante la tecnología y por ello los medios y la informática fácilmente penetran en la mente del individuo y dicta modas o gustos a la sociedad modificando imperceptiblemente los valores, la cultura, la ideología.

Con los avances tecnológicos en el mundo globalizado se ha instaurado la industrialización de la cultura y es que ello se hace de vital importancia para la expansión del mercado, de los capitales y de los valores culturales propios. Las industrias de la cultura solo aspiran llevar el mensaje a la sociedad de consumo, transmiten bienes de consumo estandarizados y requieren de los complejos equipos de producción ya conocidos.

Sin embargo, las asimetrías de la globalización y la desigualdad que produce hacen que sólo un pequeño porcentaje de la población mundial forme parte de la *network society*, no todos estamos conectados por *Internet*, ni somos usuarios habituales y distinguidos de las grandes líneas aéreas internacionales. El mundo de la inmensa mayoría sigue siendo el *mundo lento* de los todavía territorializados, y no el mundo hiperactivo y acelerado de los ejecutivos de negocios, de los funcionarios internacionales o de la nueva "clase transnacional de productores de servicios.

A menudo, cuando se utiliza el término "global" en relación con los medios o la industria de la comunicación, éste se refiere primordialmente a la extensión de la cobertura, y así la popularidad de la televisión por satélite y las redes de computación sirven como evidencia para demostrar la globalización de la comunicación.

Efectivamente, nunca antes en el curso de la historia había sido posible sintonizar el mismo canal de televisión en más de 150 países, y tampoco había habido un medio de comunicación que lograra atraer a centenas de millones de usuarios. Sin embargo, los vínculos creados por el así llamado proceso de globalización se limitan principalmente a los países de la OCDE y del G7, los cuales constituyen un tercio de la población mundial. Y aun cuando un medio, por ejemplo CNN, puede anotar a más de 150 países en su mapa, el grado de penetración y consumo real presenta un panorama bastante distinto.

Uno de los defectos de muchos estudios dedicados a la globalización de la cultura radica precisamente en la tendencia a privilegiar sus formas objetivadas – productos, imágenes, artefactos, informaciones-, sin hacer la más mínima referencia al significado que les confieren sus productores, usuarios o consumidores en un determinado contexto de recepción.

Estos son algunos de los temas cada vez más importantes para una parte de la sociedad mundial que exige alternativas a los efectos negativos de las empresas globales y que viven en un entorno de violencia y de inseguridad "que se extienden por el mundo de la mano de una creciente desigualdad, un tejido social que se deshilacha, y el desmoronamiento de los sistemas medioambientales esenciales. Es esta realidad de la desintegración social y medioambiental la que ha reunido a millones de personas en una amplia coalición global que traspasa las fronteras nacionales, para constituir lo que se puede considerar el movimiento social más auténticamente global e integrador de la historia de la humanidad". (Mander, Cavanagh et al, 2003, p16).

En el proceso de globalización se pueden observar dos tendencias aparentemente
contradictorias: por una parte la tendencia a la convergencia u homogeneización cultural, ligada a la cultura mediática, al mercantilismo generalizado y al consumismo; y por otra la tendencia a la proliferación y a la heterogeneidad cultural.

La primera tendencia se fundamenta en el hecho de que con la globalización el vínculo entre cultura y territorio se ha ido gradualmente rompiendo y se ha creado un espacio cultural electrónico sin un lugar geográfico preciso. La transmisión de la cultura occidental, crecientemente mediatizada por los medios de comunicación, ha ido superando las formas personales y locales de comunicación y ha introducido un quiebre entre los productores y los receptores de formas simbólicas.

La existencia de conglomerados internacionales de comunicaciones que monopolizan la producción de noticias, series de televisión y películas es un aspecto relevante de este quiebre. En virtud de todo esto algunos interpretan esta tendencia como un proceso convergente hacia la conformación de una única cultura global capitalista o como expresión de un imperialismo cultural.

Como crítica a esta interpretación hay que señalar que la supuesta existencia y hegemonía de una cultura capitalista global no deben extrapolarse a partir de la mera localización urbana o suburbana de bienes de consumo global introducidos mediante el libre comercio, las franquicias, la publicidad y la inmigración internacional. La omnipresencia de la Pizza Hutt o el Burger King en el ámbito urbano no implica por sí misma la norteamericanización o la globalización cultural capitalista, y mucho menos cambios en la identidad cultural. Como ya se destacó antes, los productos culturales no tienen significado en sí mismos y por sí mismos, al margen de su apropiación subjetiva; y nuestra cultura / identidad no se reduce a nuestros consumos circunstanciales.

Sin embargo, el capitalismo transnacional puede inducir, mediante el concurso convergente de los medios de comunicación, de la publicidad y del marketing incesante, una actitud cultural ampliamente difundida y estandarizada que puede llamarse mercantilista o consumista. En este caso ya se puede hablar de un proceso de homogeneización cultural orientado a la conformación de lo que algunos llaman una cultura del mercado, entendida como un determinado conjunto de modos de pensar, de comportamientos y de estilos de vida, de valores sociales, patrones estéticos y símbolos que contribuyen a reforzar y consolidar en las personas la hegemonía de la economía de mercado.

En efecto, la cultura de mercado atribuye a las mercancías un valor simbólico y no sólo la inmediata finalidad de satisfacer una necesidad humana. Se trata de consumir marcas a las cuales se les atribuye un predicado simbólico," una cualidad inmaterial (más elevada), que no está presente en la cosa misma, pero que constituye su imagen, y que la reviste de un valor económico superior a las demás mercancías". Esto estimula a las personas a desear más de lo que necesitan para su vida, pues se crea una confusión entre *deseo* (siempre abierto e insaciable) y *necesidades* (necesidades humanas básicas, impostergables), y les exacerba una especie de *impulso mimético* que las lleva a buscar sistemáticamente la identificación con los patrones de vida, comportamientos, gustos y valores de las clases más ricas.

En la "sociedad del espectáculo", los individuos se relacionan entre sí a través del espectáculo, y en función de éste, configurándose una sociedad de masas, crecientemente atomizada y pasiva. La banalidad y el hedonismo insolidario de la sociedad del "entretenimiento" se consolidan, al mismo tiempo que progresa la decrepitud moral individual y colectiva.

Lo cual crea el caldo de cultivo idóneo para la proliferación de toda suerte de comportamientos asociales, individuales y colectivos derivados de la penetración y el uso de modos abusivos y/o superficiales y alienantes de buscar la propia seguridad y felicidad por la vía de la acumulación privada, del consumismo y del entretenimiento; sometimiento a las leyes del mercado consumista, promovido propagandísticamente en todo tipo de actividades, incluso en el terreno cultural; insolidaridad manifiesta del individuo, de la familia, del Estado en contra de otros individuos, familias o Estados.

El estilo de vida propuesto por el proceso globalizador no humaniza, no plenifica ni hace feliz, como lo demuestra, entre otros índices, el creciente consumo de drogas, constituido en uno de los principales problemas del mundo desarrollado. Ese estilo de vida está movido por el miedo y la inseguridad, por la vaciedad interior, por la necesidad de dominar para no ser dominado, por la urgencia de exhibir lo que se tiene, ya que no se puede comunicar lo que se es.

No cabe duda de que hay elementos de verdad en la interpretación de la globalización cultural como una tendencia hacia la conformación de una monocultura capitalista a escala global, pero es necesario matizarlos, porque la idea de una cultura mundial capitalista, desterritorializada y convergente no considera suficientemente el hecho de que las culturas de los países pobres no han sido ajenas a los conflictos, las imposiciones, las "colonizaciones", las disoluciones coercitivas, etc., ya antes de su contacto con la cultura occidental. Todas las culturas tienen un carácter híbrido y están sometidas a imposiciones exteriores, lo que no excluye la existencia de formas propias de recepción, adaptación y resistencia, por lo que se no se puede afirmar que la globalización conlleve necesariamente una integración homogeneizadora, ni un proceso de nivelación mundial.

Beck comparte el hecho de que existen procesos donde las generalizaciones a nivel mundial, así como la unificación de instituciones, símbolos y modos de conducta (por ejemplo, McDonald, los vaqueros, la democracia, la tecnología de la información, la banca, los derechos humanos, etc.) y el nuevo énfasis, descubrimiento e incluso defensa de las culturas e identidades culturales (islamización, renacionalización, pop alemán y rap norteafricano, carnaval africano en Londres o la salchicha blanca de Hawái), no constituyen ninguna contradicción.

Aunque esta proliferación de culturas urbanas aparentemente dispersas, segmentadas y descentradas se encuentra implícita o explícitamente jerarquizada por poderosos actores culturales (el Estado, las Iglesias, los medios de comunicación, las industrias culturales, etc.), se hace muy difícil postular la existencia en nuestras ciudades de una masa culturalmente homogénea y con una sola identidad colectiva.

Hay que entender que la globalización cultural al mismo tiempo que universaliza algunos aspectos de las sociedades occidentales, fomenta la intensificación de diferencias.

"Por una parte introduce instituciones y prácticas parecidas, pero por otra las reinterpreta y articula en relación con prácticas locales. Crea comunidades y asociaciones transnacionales, pero también fragmenta comunidades existentes; mientras por una parte facilita la concentración del poder y la centralización, por otra genera dinámicas descentralizadoras; produce hibridación de ideas, valores y conocimientos pero también prejuicios y estereotipos que dividen.

De ahí que haya que matizar un poco las tesis de Beck sobre la relación entre lo global y lo local. Dada la asimetría evidente en el plano cultural, lo que se puede afirmar es que lo global restringe lo local. Lo segundo puede efectivamente determinar lo primero, pero es más fuertemente determinado por éste, lo que no quiere decir que lo global lo asimile y lo homogenice, "sino que lo global en el espacio de sus posibilidades prácticas de darse forma y expandirse establece el espacio (im) posible de conformarse y expresarse lo local. Las diferencias espaciotemporales no desaparecen, pero son modificadas con arreglo a la racionalidad propia de la actividad globalizada correspondiente.

3. Reflexiones finales

Al analizar el número de las organizaciones internacionales y nacionales, las ONGs, los grupos gubernamentales, los grupos de consultores y las organizaciones que fomentan, regulan, promueven o aplican la RSC para reducir las críticas sobre las formas de la globalización actual, es necesario puntualizar que este es un fenómeno que se extiende rápidamente. Ello es parcialmente posible porque "pocas frases han sido definidas pobremente y usadas tanto como la "filantropía estratégica", "Responsabilidad Social Corporativa". El término cubre prácticamente toda clase de actividad caritativa que tiene un tema, objetivo, acercamiento o enfoque definible" (Porter y Kramer, 2003, P59).

Sin embargo, el concepto y las acciones y programas que involucra no deja satisfechos a todos. Con respecto a la pobreza y las definiciones, Hopkins es devastador en sus afirmaciones de que "... no existen muchas elaboraciones sobre el concepto.. la definición, a los ojos de algunos, deja fuera demasiados aspectos claves. Por ejemplo, la palabra sustentabilidad" no se menciona.... "(Hopkins, 2006: 17)

Contrastando las prácticas negativas de las empresas durante los últimos diez años, Bakan, como resultado de ello argumenta que "la corporación es una institución patológica, peligrosa poseedora de un gran poder para ejercer sobre personas y sociedades". (Bakan, 2004: 1). Es potencialmente destructiva de ambientes sociales, culturales, políticos y del medio ambiente. La visión de Bakan que coincide con los muchos otros más, despierta demasiadas preguntas, algunas de ellas como las siguientes: ¿Cuál es la naturaleza y cuáles las implicaciones de su carácter patológico?; ¿Qué poder tiene sobre la sociedad?; ¿Qué puede hacerse para mitigar su capacidad potencial de causar daño a la sociedad? (Bakan, 2004: 2).

Por la vastedad de implicaciones, ausencia de definiciones puntuales y parámetros cuantitativos, no existe consenso de las características de la conducta virtuosa corporativa. En el momento de analizar la conducta o prácticas de las organizaciones pueden surgir cientos de preguntas que pueden ser contradictorias con desarrollo sustentable de una comunidad. Vogel (2006: 4-5) argumenta que si la búsqueda de bajos costos de mano de obra y materia prima en otros países genera desempleo en el país de origen es una práctica contraria al desarrollo equilibrado. O si lo es el pagar los salarios bajos de mercado en lugar de salarios que permitan una vida decente del trabajador y su familia.

¿Puede ser responsable realizar desarrollos en países en vías pobres corrompiendo gobiernos? Por todo ello, en el área norteamericana se trata de pasar a una fase superior del concepto proponiendo que sea sustituido por otro más integral e ideológicamente más neutro: la Sustentabilidad Corporativa. Hopkins, pregunta si "... será la Sustentabilidad Corporativa un mayor concepto que la RSE? La Responsabilidad Corporativa emerge desde el movimiento de la protección ambiental ..." (Hopkins, 2006: 20), por lo que tiene raíces más sólidas que la RSE.

Debemos ser críticos con las empresas y la forma en que han conducido sus prácticas empresariales que penetran cada espacio y cada momento de nuestras vidas moldeando la forma de las culturas y orientándolas hacia un consumismo desmedido, las empresas gobiernan nuestras vidas, determinan lo que comemos, lo que vemos en televisión, lo que usamos, donde trabajamos, y lo que hacemos. Estamos rodeados por su cultura, iconografía e ideología de las cuales no podemos escapar. Y como la iglesia y la monarquía en otros tiempos, sus posturas son infalibles y omnipotentes, glorificándose a sí mismas en grandiosos edificios y en elaborados anuncios. Incrementalmente, las empresas dictan las decisiones sobre los que se supone deberían de vigilarlas: el gobierno y la sociedad. (Bakan, 2004: 5).

Son las empresas las que gobiernan la sociedad, quizás más que los gobiernos mismos, irónicamente, es ese mismo poder que han ganado a través del procesos de globalización las que las hace vulnerables. Como ocurre con toda corporación gobernante, la corporación ahora atrae la atención de un público ansioso sobre aspectos de desconfianza, temor y demandas por rendición de cuentas. Hoy, los líderes de las grandes empresas entienden más que nunca de la crisis, que necesitan hacer muchos esfuerzos para recuperar y mantener la confianza del público. (Bakan, 2004: 26).

Al inicio de los años noventa, las demostraciones masivas contra el abuso y el poder de las empresas se levantaron en ciudades de Europa y de Estados Unidos. Quienes protestaban se asumían como parte de un amplio movimiento de la "sociedad civil" que luchaba contra los daños corporativos a trabajadores, consumidores, comunidades y medio ambiente. Sus preocupaciones eran diferentes de los grupos que protestan en la era post Enron, dirigidas a la vulnerabilidad de los shareholders a las prácticas corruptas de los administradores de las empresas. Pero los dos grupos tenían algo en común: Ambos creían que las empresas han llegado a convertirse en un peligrosa mezcla de poder y de falta de rendición de cuentas. (Bakan, 2004: 27).

El reto ahora es encontrar maneras de controlar las empresas, sujetarlas a las restricciones democráticas y proteger a los ciudadanos de sus tendencias peligrosas, aun cuando en el largo plazo luchemos por un orden económico democrático. Mejorar la legitimidad, efectividad y rendición de cuentas de la regulación gubernamental puede ser lo mejor, o al menos la estrategia más realista para lograr lo anterior. (Bakan, 2004: 161). Al orientar los negocios para convertirlos en "un buen ciudadano e impulsándolo a enraizar en la comunidad, se puede ayudar a alcanzar las utilidades y el éxito a largo plazo de la compañía" (Hamel y Denhart, 2007: 1). La transición se puede hacer mejor "cuando se está motivado por alegría y esperanza, no por el miedo y la crítica, porque el cambio siempre produce descontento" (Albion, 2006: 130). Debido a que todo gasto razonable es deducible de impuestos, las organizaciones no ven una ventaja especial en el gasto en acciones filantrópicas comparados con otros propósitos corporativos" (Porter y Kramer, 2003: 30).

La corporación en sí misma no puede escapar tan fácilmente del diagnóstico del psicópata. La corporación es irresponsable porque en el intento de satisfacer sus fines corporativos pone en riesgo a todos. Las empresas tratan de manipular todo incluyendo la opinión pública y ellas son grandiosas, siempre insistiendo que son lo mejor. Las empresas carecen de empatía y las tendencias asociales también es una de sus características claves. Finalmente, las empresas se relacionan con otros de una manera superficial, su objetivo es presentarse a sí mismas de una manera deslumbrante y atractiva para el público, aunque ello sea una representación de lo que no son las empresas. (Bakan, 2004: 56, 57).

A pesar de los problemas que tiene que enfrentar, la corporación global está llegando a institucionalizarse, su engrandecimiento contemporáneo es distinto por su nuevo enfoque y por su difusión en todo el mundo, pero ahora su enfoque primario está en ubicarse en países en vías de desarrollo, donde las leyes son más laxas y los gobiernos se corrompen más fácilmente.

D. La globalización y la inversión directa

Otro aspecto de suma importancia para la compresión de los procesos que originan la globalización es indudablemente la inversión directa. Desde los años 80s la dinámica que se observa en los flujos de la inversión directa internacional es notoriamente superior a la dinámica que se presenta en el comercio internacional y se convierte en un componente principal del crecimiento económico. Una de las medidas más eficaces tomadas por las empresas transnacionales para eliminar las restricciones al comercio internacional fueron indudablemente las inversiones condicionadas. Se negociaban inversiones en los distintos países a condición del levantamiento selectivo de barreras arancelarias. Por lo mismo, quizás es que el proceso de transnacionalización propicia, simultáneamente, el fortalecimiento de tendencias hacia la globalización y la regionalización.

La regionalización podría ser explicada advirtiendo el significado e importancia del hecho de que cerca de la mitad de flujos comerciales de Japón y de los Estados Unidos están directamente relacionados con la inversión externa directa, esto es, se trata de operaciones entre empresas transnacionales. Es interesante observar, por otra parte, que alrededor del ochenta por ciento de los flujos de inversión externa directa se concentran en una tríada conformada por América del norte (Canadá, México y Estados Unidos) los países de la Unión Europea y Japón. Que los países donde se originan los flujos de inversión (fuentes) son los miembros de la Unión Europea y Japón. Lo anterior también podría explicar la concentración de los flujos comerciales en esta tríada pues el 62 por ciento del comercio mundial se efectúa entre estos tres grupos de países. (UNCTC, World Investment Report, 2007).

La importancia de las tendencias hacia la regionalización que acompañan al proceso de globalización se puede advertir en múltiples aspectos. En primer lugar las empresas transnacionales que actúan en el mercado global deben concebir e implementar estrategias específicas para cada uno de los tres más importantes mercados que componen la tríada, específicamente en relación al diseño de los productos, el mercadeo y distribución, la red de abastecimiento, finanzas, comercio e inversión externa. En este sentido, varios autores han puesto en evidencia la importancia que tiene para los flujos del comercio internacional las diferencias existentes entre las distintas prácticas institucionales de los países que componen la Tríada pues afectan directamente a las ventajas competitivas.

En segundo lugar, las industrias de alta tecnología que se convierten en las empresas líderes de la competencia global no están igualmente distribuidas entre los países. Esto implica, muchas veces, que ante un incremento de la competencia los gobiernos se sientan impulsados a generar políticas diseñadas para alcanzar o mantener sectores económicos competitivos, al mismo tiempo que generan medidas que dificultan el desarrollo de los negocios de las empresas "extranjeras". Un ejemplo notorio de lo anterior lo constituye el MIT (el ministerio japonés para el comercio internacional y la industria) que toma medidas que incluyen desde la asignación dirigida del gasto público (compras gubernamentales hacia determinadas empresas) hasta la subvención de investigación y desarrollo para áreas específicas del desarrollo científico-tecnológico.

En tercer lugar los países miembros de la Tríada influyen decididamente en la definición de las reglas del juego con respecto al sistema multilateral. Entre las parte más importantes del sistema cabe mencionar a la Organización Mundial de Comercio, la Organización para la Cooperación Económica y el Desarrollo (OCDE), el sistema que regula las finanzas internacionales (FMI, Banco Mundial, el Banco Internacional de Pagos (BIS) y el sistema de Naciones Unidas. A través de estos organismos los países desarrollados agrupados en el "grupo de los siete" (G7, Estados Unidos, Canadá, Alemania, Francia, Reino Unido, Italia y Japón) negocian las políticas globales en relación a las tasas de intercambio, las tasas de interés, al financiamiento externo, y de manera importante influyen sobre las tendencias hacia la globalización y regionalización. El G8 con Rusia como asistente adicional sin voto, se orienta mayormente al establecimiento de políticas globales en el ámbito de defensa, economía y política.

Para finalizar estos tópicos de la competencia global y la regionalización en seguida nos permitimos realizar algunas consideraciones en torno a la naturaleza de estos fenómenos. Parece que para una cabal comprensión de los fenómenos que nos preocupan los esfuerzos teóricos basados en la conceptualización de las ventajas comparativas de las naciones no son suficientes. Por ello, habría que acudir hacia aquellas investigaciones basadas en las ventajas competitivas de las empresas, mismas que colocan el énfasis en la decisiva importancia que adquiere la investigación y desarrollo, la innovación y la tecnología para la obtención de roles y jerarquías de privilegio en la nueva división internacional del trabajo y del comercio. Principalmente, por ser la más eficiente, la empresa global se está convirtiendo en el nuevo paradigma a seguir.

Esta nueva situación se manifiesta claramente en dos áreas separadas que dependen tanto de la naturaleza de las actividades productivas como de su grado de "madurez" tecnológica en las industrias estratégicas tecnológicamente sofisticadas tales como la microelectrónica, la biotecnología, el desarrollo de nuevos materiales, la robótica, el desarrollo de la computación y telecomunicaciones, en donde las ventajas competitivas-en su mayor parte- son producto de costosas investigaciones y el establecimiento de alianzas estratégicas entre empresas transnacionales de alta tecnología.

Trump, La muerte de la globalización

CAPÍTULO VI

LA MUERTE DE LA GLOBALIZACIÓN

Las políticas implementadas por Trump, lejos de representar el fin absoluto de la globalización, han sido interpretadas por analistas como una aceleración significativa del proceso de desglobalización y una transición hacia un comercio internacional más fragmentado y regionalizado.

A continuación, se detallan los principales aspectos de esta transformación en la economía global:

- Fin del multilateralismo

La administración Trump ha favorecido acuerdos bilaterales directos, debilitando instituciones tradicionales que sustentaban la globalización, tales como la Organización Mundial del Comercio (OMC), el Fondo Monetario Internacional (FMI) y el Banco Mundial. El sistema basado en normas universales ha dado paso a negociaciones transaccionales país a país.

- Guerra arancelaria como herramienta política

Durante 2025, el gobierno estadounidense utilizó aranceles elevados no solo con fines recaudatorios, sino también como instrumento de presión diplomática:

- Aranceles generales: Se estableció un arancel base del 10% al 20% para casi todas las importaciones a partir de abril de 2025.
- Tasas históricas: El promedio efectivo de aranceles en Estados Unidos aumentó del 2.5% al 27% en los primeros meses de 2025, alcanzando niveles no vistos en más de un siglo.
- Foco en China: La estrategia de confrontación busca promover el desacoplamiento y fomentar la relocalización de la producción estadounidense (onshoring).
- Reconfiguración en lugar de desaparición

Aunque el comercio directo con Estados Unidos resulta ahora más costoso, la globalización experimenta una transformación:

- Regionalización: Han surgido nuevos bloques comerciales en Asia y el grupo BRICS para contrarrestar la política de "Primero América".
- Cadenas complejas: Las cadenas de suministro se han tornado más opacas y menos eficientes, con productos chinos llegando a Estados Unidos a través de terceros países para sortear los aranceles.

- Impacto económico actual

A comienzos de 2026, los resultados muestran signos mixtos:
- Inflación: Contrario a lo esperado, la inflación estadounidense cerró 2025 en 2.7%, parcialmente limitada por procesos judiciales sobre la autoridad presidencial para imponer aranceles.
- Crecimiento: Para 2026, se prevé una desaceleración del comercio global tras el fenómeno de "carga anticipada", donde empresas importaron grandes volúmenes antes del alza arancelaria.

1. LA AGENDA PENDIENTE

Describir y analizar adecuadamente el mundo actual, y diagnosticar correctamente su futuro y las encrucijadas que enfrenta y enfrentará, implica mucho más que simplemente tomar partido y decirse globalifílico o globalifóbico, aceptar o rechazar un concepto ambiguo, puramente descriptivo y hoy a la moda. Pues más allá de lo que revela, y sobre todo de lo que oculta y omite el término de "globalización", están los problemas estructurales y de proceso que genera en las sociedades que debería necesariamente afrontar.

En este apartado, desafiamos esta suposición al revisar un creciente número de artículos del campo de la economía política internacional que relatan una historia diferente y demuestran que la globalización financiera y económica han sido enormemente dependientes del apoyo y empuje del Estado. Por ello, suponemos que los Estados serán capaces de encontrar soluciones a dicha problemática en el largo plazo (2020 -2050).

Aunque en el corto (2017-2025) plazo toda consideración o diagnóstico sobre las perspectivas inmediatas y mediatas de la economía mundial, debe partir necesariamente de su deterioro y debilidad en términos *estructurales*, por lo cual crecerá más lentamente, polarizándose todavía más y proyectando su tendencia secular depresiva en múltiples efectos económicos negativos, tales como el incremento espectacular del desempleo, el descenso general de los niveles de vida, el decrecimiento en el comercio internacional, un crecimiento demográfico estancado en los países desarrollados, y el reparto una vez más asimétrico e injusto de los "costos de la crisis" desplazados hacia los países más pobres y menos desarrollados.

Pero también, y en el plano de los movimientos migratorios internacionales, se impone replantearse las necesidades de mano de obra joven de los países ricos, presionando a la migración, aunque en desventaja en términos de calidad de vida, y estragos sociales derivados de las protestas de las minorías en los países industrializados.

Y entonces, aflorarán con fuerza las preguntas sobre qué tipo de movimientos sociales *nuevos* es necesario construir, con qué objetivos inmediatos y de largo plazo, con que estrategias y que tácticas, y con qué políticas y posiciones respecto de los distintos grupos, sectores y clases sociales diversos.

Aunque muchos creen que el patrón liberal dentro de la región de la OCDE van permanecer, creo que un análisis más de cerca de las causas de la liberalización de políticas sociales y de migración podrían llevar a una conclusión diferente. Divido estas causas en los desarrollos a niveles nacionales, regionales, y sistemáticos. Incluyen: apoyo nacional de abogados no - liberales y de negocios internacionales orientados; ofertas ínter - estatales y objetivos regionales dentro de la Unión Europea, y una dinámica competitiva internacional alentada por acciones de los Estados Unidos y la Gran Bretaña. Esto conduce a la conclusión de que es más probable que una reversión de la liberalización se asuma frecuentemente.

La liberalización migratoria a través del mundo industrial ha avanzado en las últimas dos décadas y ha sido impulsado en cierto modo por los desarrollos nacionales. Uno de estos ha sido la creciente prominencia política de quienes apoyan los pensamientos "neoliberales" u orientados al libre mercado. Los abogados del neoliberalismo han favorecido la eliminación de los controles; la mano de obra debe ser capaz de moverse a través de las fronteras para buscar su empleo más productivo.

Un segundo desarrollo nacional que alienta la liberalización migratoria ha sido su creciente demanda de grandes organizaciones o empresas financieras y empresas globales en los últimos años. En casi cada uno de los episodios los Estados industriales avanzados han abolido sus controles sobre la mano de obra en las últimas dos décadas, estos grupos de negocios han sido un elemento clave que ha presionado el cambio con la rápida internacionalización de las actividades corporativas en Europa, Norteamérica y Japón en los 80"s y 90"s, los controles han sido vistos cada vez más como una interferencia embarazosa para estas organizaciones o empresas.

Si quienes apoyaban la liberalización migratoria se topaban con algo de resistencia al promover sus metas, ¿Por qué podríamos esperar un cambio del en un futuro cercano? Una razón es que en los últimos años ha habido una creciente reacción contra el pensamiento neoliberal a la luz de algunas de las consecuencias del desempleo de los nacionales.

En el ámbito financiero, los críticos, como Susan Strange, han sugerido que el orden financiero global actual se parece nada menos que a un casino en el que los activos se juegan casi en su totalidad más por un beneficio especulativo que por un beneficio de la economía real. Además, ya que este comercio afecta el valor de las monedas, las tasas de intereses, y otros precios económicos, se dice que es un casino del que nadie en este mundo puede escapar y el cual causa considerables dislocaciones sociales alrededor del mundo.

De hecho, Strange advierte una creciente reacción política si el "casino" financiero global no se congela y se lleva bajo control político.

El gran volumen de capital volátil que se mueve del Sur al Norte también ha sido cubierto por los críticos para apoyar sus argumentos de que el orden financiero internacional abierto emergente ha alentado movimientos especulativos peligrosos de capital en lugar de flujos productivos benéficos. El efecto tequila, el efecto vodka, el efecto zamba y otros por venir son ejemplos ilustrativos de lo que puede ocurrir con la inversión especulativa.

La tercera área principal que interesa a muchos críticos es la pérdida de la autonomía política. Mientras que los neoliberales alaban la habilidad de los mercados financieros internacionales al disciplinar la política nacional, muchos críticos ven la perdida de la autonomía política de forma más negativa.

Se argumenta que "la movilidad" del capital financiero limita las diferencias viables entre las tasas de interés nacional y eso restringe severamente la habilidad de los bancos centrales y de los gobiernos para aplicar políticas monetarias y fiscales apropiadas a sus economías internas. Esta pérdida de autonomía política macroeconómica ha sido particularmente preocupante para muchos durante un periodo de alto desempleo cuando se habría preferido que los gobiernos hubieran seguido unas políticas más expansionistas que los mercados financieros internacionales alguna vez permitieron.

Además de interesarse sobre la autonomía macroeconomía, otros se han preocupado debido a que el nuevo entorno financiero liberal internacional ha impuesto nuevas limitantes en los impuestos del gobierno y las políticas regulatorias propician el incremento de las oportunidades de los actores del mercado potencial para "salir" del sistema financiero nacional cuando desaprueben dichas políticas.

En términos políticos más amplios, también se han interesado en que los Estados están siendo forzados a volverse cada vez más internacionalizados, respondiendo a los juicios de aquellos que mueven los fondos internacionalmente movibles más que de las opiniones de sus conciudadanos.

Mientras que algunos abogan por la reimposición de controles estrechos de capital, otros más apoyan las medidas más moderadas enfocadas a reducir la movilidad del capital internacional. Sin interferir seriamente con los flujos de capital productivos a largo plazo o pagos relacionados con las transacciones comerciales, dicho impuesto estaría diseñado para reducir los movimientos financieros especulativos indeseables al incrementar el "peso" que los participantes del mercado dan a los fundamentos de largo rango relativos a las oportunidades especulativas inmediatas". Según Tobin el objetivo sería "echar un poco de arena en las ruedas" de las finanzas internacionales. A pesar del apoyo por el impuesto Tobin, muchos críticos de la liberalización financiera están escépticos de que nunca pueda ser introducido. Además de la resistencia de los oficiales financieros conservadores que tienden a dominar la política en esta área, anticipan una oposición enorme a cualquier iniciativa que intente reducir la movilidad del capital financiero internacional de los bancos y de las organizaciones o empresas globales que favorecen los patrones liberales actuales de las relaciones financieras.

Para sobrepasar esta oposición, aunque estas dinámicas políticas nacionales podrían sugerir que la liberalización financiera no puede ser de hecho fácilmente rebasado, hay un evento el cual está alterando tales dinámicas considerablemente: una importante crisis financiera internacional. La crisis actual podría, por ejemplo, conducir a los gobiernos a ignorar la oposición de los actores nacionales y reimponer los controles de capital como una manera de defender la balanza de pagos.

Igualmente, y vinculado con este nuevo rol de los movimientos migratorios, la liberalización financiera y la limitación del accionar político de los Estados contemporáneos, se impone la teorización sobre las formas y los desarrollos de los Estados, y de la anunciada "muerte de la política" que la acompaña. Porque cuando los Estados de todo el mundo, comienzan a privatizar la educación en todos sus niveles, a suprimir las jubilaciones, las pensiones y los seguros de desempleo, a recortar y escatimar los servicios de salud, y a demostrar su incapacidad total para mantener un mínimo de control sobre la violencia global del cuerpo social y para proveer de un mínimo de seguridad a la sociedad, entonces es claro que lo que está desestructurándose de modo definitivo el Estado moderno.

Estado moderno que, si en esos orígenes históricos del capitalismo, se erigió como el detentor único del monopolio de la violencia legítima, y como el responsable de la gestión y administración de los servicios sociales mínimos para el conjunto de la población, ahora, en esta etapa de la globalización parece estar en una fase terminal de la vida histórica de esa misma modernidad capitalista, al ir abandonando progresivamente esas mismas funciones de gestión y de garantía de mínimos de bienestar para la población que le dieron origen.

1. COMPETITIVIDAD INTERNACIONAL

Aún si los factores nacionales y regionales que promovían la liberalización en las finanzas están siendo dañados, hay una razón final para preguntarse si puede o no revertirse el cambio: La prominencia de una dinámica competitiva internacional en el sector financiero. Esta dinámica representa el tercer gran factor que los investigadores de la economía política internacional (EPI) han señalado para explicar la liberalización financiera.

Dadas las respuestas de los operadores e inversionistas financieros a los diferenciales regulatorios entre los países, los gobiernos a través del avanzado mundo industrializado han sido tentados en los últimos años a liberalizar los controles de capital externos y desregular los sistemas financieros nacionales en un esfuerzo de atraer capitales internaciones y negocios financieros a sus propios países. Una vez que un importante estado comience a seguir esta estrategia mercantilista de la liberalización de la desregulación competitivas, otros serían forzados a seguirla si esperan asegurar el capital y los negocios financieros en el orden financiero internacional emergente.

Esta dinámica competitiva asegura que cualquier esfuerzo para revertir la liberalización financiera debe ser cooperativo. Tobin, por ejemplo, argumenta que su impuesto a las negociaciones accionarias extranjeras debe imponerse uniformemente en cada uno de los centros financieros del mundo. Sin dicha cooperación, es probable que los gobiernos estén al pendiente de las imposiciones unilaterales que dañarían la habilidad de su país de atraer capital y negocios financieros con relación a los países que no lo imponen. Los gobiernos también deben estar conscientes de que su movimiento unilateral podría no ser muy útil al disminuir el nivel global de la movilidad de capital internacional mientras que los centros financieros en cualquier otra parte del mundo tengan voluntad de permanecer abiertos para los negocios internacionales.

La dificultad obvia con dicha cooperación, sin embargo, es que se toparán con problemas colectivos. Siempre habrá un estado que intente "beneficiarse" de los resultados de un orden financiero internacional más regulado (pe. Estabilidad de tasas accionarias mayores y una autonomía política), al rehusarse a implementar las regulaciones con tal de atraer capital y negocios financieros a sus mercados. De hecho, las dificultades involucradas al resolver tales problemas colectivos han conducido a muchos a descontar la factibilidad de las propuestas corporativas tales como la propuesta de Tobin.

Podemos concluir que la liberalización financiera fue impulsada por un conjunto distintivo de factores a niveles nacionales, regionales, y sistemáticos, cada uno de los cuales está siendo dañado cada vez más. A nivel nacional, conforme algunas de las consecuencias negativas del nuevo orden financiero internacional liberal se han vuelto aparentes en los últimos años, un número creciente de críticos de la liberalización financiera ha surgido para retar a los abogados del neoliberalismo y a las organizaciones o empresas internacionalmente orientadas que apoyan el cambio. Aunque los críticos se preocupan de la baja visibilidad política de los asuntos financieros internacionales que hace difícil que movilicen esfuerzos extensos para sus propuestas regulatorias. Habiendo alentado un gran incremento en la actividad especulativa en los mercados financieros internacionales con la liberalización, esto probará que los gobiernos batallan cada vez más en prevenir dichas crisis y sus políticos que las acompañan sé volverán obsoletas en los próximos años.

Las ofertas entre los estados que favorecieron la liberalización y de aquellos que estaban a la expectativa también se vuelven más frágiles después crisis monetarias. En particular, lo último podría resentir su compromiso con la liberalización financiera.

Finalmente, a nivel sistemático, varias iniciativas recientes han demostrado que es posible para los estados superar la dinámica competitiva internacional que ayudó a alentar la liberalización. Estas iniciativas han conducido a los Estados Unidos y a Inglaterra quienes han usado su posición financiera internacional dominante para persuadir a otros países a unirse a los proyectos regulatorios cooperativos.

Aunque no se ha lanzado ninguna iniciativa para revertir la liberalización, estos dos Estados podrían verse más atraídos por la idea del nuevo orden financiero internacional liberal que amenaza con dañar su prominencia financiera al promover su competencia extranjera.

Los Estados Unidos también podrían verse inclinados a apoyar dicha iniciativa debido a su estatus de deudor y para cambiar las percepciones nacionales de los beneficios de las finanzas del libre mercado.

En suma, existen algunas razones importantes para creer que el entusiasmo de los gobiernos de la OCDE por la liberalización financiera podría menguarse muy pronto, un desarrollo que podría ser un reto considerable para la globalización financiera. Sería una locura, por supuesto, afirmar algo más definitivo que esto. Dada la enormidad de los trastornos en las políticas mundiales recientes, es peligrosamente claro intentar predecir un desarrollo político aún a corto plazo. Esto, sin embargo, resulta ser uno de los puntos claves. El patrón y el grado de la interacción financiera entre estados que han sido y seguirán siendo influenciados no sólo por los desarrollos tecnológicos sino también por aquellos del ámbito político.

Este punto se puede reforzar de una manera final. Vale la pena observar que aún si los estados escogen el no reintroducir los controles a los capitales, el orden financiero global abierto podría de todos modos verse amenazado por un segundo desarrollo: Un mayor nivel de crisis financiera global. Esto fue, por ejemplo, la crisis financiera internacional de 1931 que acabó con el último orden financiero global dentro de la economía política internacional. Una vez más, el comportamiento de los estados es importante para determinar la probabilidad de dicho escenario dado que pueden jugar un papel clave al prevenir dichas crisis a través de las actividades de prestadores de recursos, de una supervisión prudencial y de una regulación de los mercados financieros internacionales y de la coordinación de las políticas macroeconómicas.

Aunque ya no hay lugar para discutir las políticas que rodean el comportamiento del Estado en estas áreas, es suficiente decir que por ningún medio es cierto que los Estados tendrán éxito al prevenir dichas crisis. Existen, por ejemplo, importantes limitantes políticas para las naciones y problemas colectivos que podrían ocultar sus esfuerzos. Estas dificultades también se derivan de la rapidez del crecimiento e innovación de los mercados financieros internacionales que pueden cambiar rápidamente las estrategias cooperativas existentes para impedir que los Estados manejen las crisis ineficazmente a su favor. La inadecuación de las estrategias de prevención de crisis existentes es a menudo no aparente para los políticos hasta que es demasiado tarde, es decir, que esto se revela con la crisis, de alguna forma, para entonces, ya no hay nada útil que hacer.

En ésta época de globalización, los atributos de los países y las empresas comienzan a converger ahora, ya que los países son como empresas, los ciudadanos cada vez se comportan más como accionistas, los líderes más como administradores y los analistas de política exterior como agencias de evaluación de créditos.

De igual manera los países como las empresas ahora pueden elegir ser prósperos o pobres dependiendo de la política que adopten. Ya que la riqueza de una nación es producto de su propia elección colectiva y es determinada por la manera en que ésta y sus ciudadanos deciden organizar y manejar su economía, las instituciones que tiene y el tipo de inversiones que hacen individual y colectivamente.

Las empresas han descubierto que hay un beneficio material y mayor efectividad si se aseguran que en cada etapa de producción y desarrollo se están utilizando bien sus conocimientos y la información. Seguramente falta poco tiempo para que los países tengan un Ministro de Información cuya tarea no será la de informar al mundo lo que pasa dentro de su país, sino ayudar a que su país entienda lo que sabe y que se asegure de estar cosechando sus propios conocimientos en la forma más efectiva.

Hoy muchos más países son parte de lo que por propósitos prácticos se considera la economía global. En una economía de este tipo no se puede sobrevivir en ciertas industrias a menos que se pueda competir sobre una base global, y esto no se puede hacer sin alianzas. El incremento de presión para formar alianzas es una de las características de esta era de la globalización, que no solo es nueva en grado sino también en clase. Es una de las características que sutilmente vinculan el mundo y promueven mayor globalización de una manera no siempre aparente.

El verdadero desafío es que, si queremos competir globalmente, no tendremos una sola alianza, sino muchas al mismo tiempo. La administración de un país siempre es importante, pero en este sistema más complejo y de ritmo veloz, la administración y el liderazgo importan algo más. Porque si no se puede ver el mundo ni las interacciones que lo configuran, no es posible adoptar una actitud estratégica frente a él.

El País como marca. En el mundo globalizado de hoy, tanto una compañía global poderosa como un país poderoso necesitan tener marcas de fábrica "fuertes" que atraigan y retengan accionistas e inversores. Un nombre se convierte en marca de fábrica cuando los consumidores la asocian con una serie de beneficios tangibles o intangibles que obtienen de ese producto o servicio. Para construir el valor de una marca de fábrica, una compañía necesita hacer dos cosas: primero, distinguir su producto de otros del mercado, segundo, unificar lo que dice de su marca en la publicidad y la mercadotecnia con lo que en realidad ofrece. Entonces se desarrolla una relación entre la marca de fábrica y su cliente.

A medida que un mayor número de personas empiecen a darse cuenta de que su país puede, en realidad, optar por la prosperidad se adopta la política correcta, y a medida que un mayor número de personas entiendan cabalmente como se vive en otras naciones exitosas, ellas empezarán a preguntar por qué su propia administración política no ha elegido la prosperidad.

En el sistema de la globalización, donde está un país ya no importa en lo absoluto. Y tampoco importa lo que fue. Si bien se debería alentar a los países a preservar su cultura y tradición, no pueden cabalgar sobre ellas. Lo que ahora importa es lo que se es y eso depende de si se opta por la prosperidad disponible en el sistema.

4. GLOBALIZACIÓN Y GOBERNABILIDAD

La desglobalización trumpiana.

La llegada, en el 2025, de Donald Trump a la presidencia de los Estados Unidos de América, fue la novedad política de la década, poseedor de una narrativa política estridente y alternativa, tuvo el acierto de romper con el discurso político neoliberal hegemónico a nivel global, siendo su propuesta política resumida en el populismo nacionalista y en la frase "America first". Al referir a la idea de "América primero", Lo que hace Trump es conectarse con los obreros blancos desempleados por los efectos de la globalización, señalando que esas fábricas e industrias volverán a los Estados Unidos.

Trump, fue un remolino que supo captar el descontento popular de los trabajadores abandonados por los globalizadores neoliberales, los cuales envueltos en su soberbia lo miraron en menos, las clases populares con sus empleos destruidos y con el miedo de perderlo todo ante la incontenible ola de migrantes internacionales (provenientes en su mayoría de México y Centroamérica), a los cuales solo les quedaba trabajar en las condiciones que fuesen se transformaron en los chivos expiatorios de la globalización decapitada, son la representación final de la extinción del argumento arendtiano "del derecho a tener derechos", y de la llegada del tiempo de los no derechos, del autoritarismo y de la guerra. Samuel Huntington, quien en su obra:

"¿Quiénes somos? Los desafíos a la identidad nacional estadounidense", describe los principios y valores en juego que nos permiten prefigurar las futuras batallas culturales por venir, entre la izquierda, feminista, representada por la Presidenta de México, Claudia Sheimbaum, y Donald Trump, el libertario de la globalización decapitada.

En el mismo texto, Huntington, intuye la guerra de las culturas se librará también dentro de Estados Unidos. No será el enfrentamiento de la sociedad norteamericana contra algún grupo fundamentalista que adora a Alá, sino contra un grupo de inmigrantes. Los mexicano-americanos son el peligro que hay que enfrentar.

El retorno de Trump y el resurgimiento del nacionalismo estadounidense

La llegada de Donald Trump a la presidencia de los Estados Unidos en 2025 marcó un punto de inflexión político en la década. Su ascenso se distinguió por una narrativa política estridente y alternativa, que logró romper con el discurso neoliberal hegemónico dominante en el ámbito global. Trump articuló una propuesta política basada en el populismo nacionalista, sintetizada en la consigna "America first".

Al proclamar "América primero", Trump logró conectar con los obreros blancos que habían perdido sus empleos a causa de los efectos de la globalización. A través de este mensaje, prometió el retorno de fábricas e industrias que, durante años, se habían desplazado fuera del territorio estadounidense. Esta estrategia le permitió captar el descontento de los trabajadores, quienes se sentían abandonados por las élites globalizadoras neoliberales. Estas élites, sumidas en su soberbia, subestimaron el malestar social, mientras que las clases populares, enfrentadas a la destrucción de empleos y al temor de perderlo todo ante el avance de la migración internacional —mayoritariamente proveniente de México y Centroamérica—, se vieron relegadas a aceptar cualquier condición laboral para subsistir.

En este contexto, los migrantes se convirtieron en los chivos expiatorios de la llamada globalización decapitada, encarnando la consecuencia última de la pérdida del "derecho a tener derechos" según la perspectiva arendtiana. Esto dio paso a una época marcada por la ausencia de derechos, el autoritarismo y la conflictividad social.

Samuel Huntington, en su obra "¿Quiénes somos? Los desafíos a la identidad nacional estadounidense", aborda los principios y valores en disputa y anticipa las futuras batallas culturales. Entre ellas, destaca el enfrentamiento entre la izquierda feminista, representada por la presidenta de México, Claudia Sheinbaum, y Donald Trump, quien encarna el proyecto libertario surgido de la globalización decapitada.

Huntington también prevé que la guerra cultural se librará dentro de los propios Estados Unidos, no como un conflicto entre la sociedad estadounidense y grupos fundamentalistas extranjeros, sino como una lucha interna contra los inmigrantes, en particular los mexicano-americanos, quienes son señalados como el principal peligro a confrontar.

La cultura mexicana, su identidad e idioma (el español), son los virus culturales que amenazan la supremacía cultural anglosajona estadounidense. Huntington sostiene la alarma y les solicita a los norteamericanos que vuelvan su mirada a Los Ángeles, la capital de esa amenaza que pone en riesgo la supervivencia de Estados Unidos. Diecinueve años después, el 2025, vuelve Donald Trump con su equipo político radical a la Casa Blanca, viene con las banderas de la deportación masiva de migrantes, viene recargado, ofreciendo la anexión de Canadá y Groenlandia, de colonizar el Golfo de México, viene a recuperar lo que los suyos consideran de su propiedad y su patio trasero, la premisa es clara: América para los americanos blancos, anglosajones y racistas.

Es el fin del libre comercio y el ostracismo de los derechos humanos. Trump rechaza la idea de la globalización defendida por Reagan, Bush, Blair, Clinton, Obama, Salinas de Gortari, Fujimori, Menem y otros tantos arquitectos políticos del neoliberalismo en las tres últimas décadas. Él quiere retornar al viejo imperio de Roosevelt del siglo XX y en ello se parece a Vladimir Putin ¿Tendrá Donald Trump la capacidad de impulsar los cambios estructurales que su propuesta demanda?

TRUMP 2026: ¿EL LIBERTARIO RECARGADO?

Estados Unidos se encuentra ante su encrucijada política más liviana, vulgar y decadente de su historia política de los últimos sesenta años, el nivel de sus políticos es tan bajo, que incluso la figura de Richard Nixon, adquiere los contornos de un Estadista. Un país acosado por las retoricas del racismo, del machismo, de los fundamentalismos cristianos y de la misoginia, decidió elegir al polémico Trump, como el nuevo presidente de los Estados Unidos.

Imparable, histriónico, extremista, fue el genio y figura que logró galvanizar a los republicanos en torno suyo, transformándose en el representante de una derecha de corte libertaria y neopopulista que nació bajo la sombra de dos procesos políticos, económicos y culturales: 1. "La desglobalización: Proceso que se definió por la separación identitaria entre las elites neoliberales estadounidenses y el "pueblo blanco" abandonado a su suerte ante los impactos producidos por la utopía neoliberal de la globalización, como lo fueron y son el desempleo, la drogadicción y la desestructuración de la "comunidad imaginada", abrumada por un nacionalismo arrinconada por el segundo proceso: 2. La "globalización desde abajo", la cual ha definido otra manera de pensar y sentir a la "comunidad imaginada" y de recomponer un nuevo nacionalismo estadounidense configurada por los excluidos por la globalización construida por las élites capitalistas estadounidenses, los migrantes.

La encrucijada política de Estados Unidos y el surgimiento de Trump

Estados Unidos atraviesa una de las coyunturas políticas más decadentes, livianas y vulgares de los últimos sesenta años. El nivel de los políticos en la actualidad es tan bajo que incluso figuras históricamente controvertidas, como Richard Nixon, adquieren el perfil de verdaderos estadistas si se les compara con los actuales protagonistas. En este contexto, la nación se ve asediada por discursos que exaltan el racismo, el machismo, los fundamentalismos cristianos y la misoginia, factores que influyeron en la elección del polémico Donald Trump como presidente de los Estados Unidos.

El liderazgo disruptivo de Trump y la consolidación de una nueva derecha

Trump, caracterizado por su histrionismo, extremismo y capacidad para movilizar masas, logró galvanizar al Partido Republicano en torno a su figura. Se convierte así en el representante de una derecha contemporánea, de corte libertario y neopopulista, que surge y se fortalece bajo la influencia de dos procesos políticos, económicos y culturales cruciales.

1. La desglobalización

El primer proceso es la desglobalización, entendida como la separación identitaria que se produce entre las élites neoliberales estadounidenses y el "pueblo blanco". Este último ha sido abandonado y dejado a su suerte frente a los efectos negativos de la utopía neoliberal, tales como el desempleo, el incremento de la drogadicción y la desintegración de la "comunidad imaginada". A raíz de estas crisis, emerge un nacionalismo arrinconado, que busca respuestas frente al avance de la globalización y sus consecuencias.

2. La globalización desde abajo

El segundo proceso es la llamada "globalización desde abajo", que ha propiciado una nueva manera de imaginar, sentir y reconstruir la identidad nacional estadounidense. Este fenómeno se configura a partir de los excluidos por la globalización impulsada por las élites capitalistas: los migrantes. Son ellos quienes, desde su marginación, generan formas alternativas de nacionalismo y pertenencia, desafiando así la narrativa dominante y contribuyendo a la recomposición social y cultural del país.

Explicar someramente la relación dialéctica y conflictiva ente estos dos procesos nos permitirá comprender y explicar la presente coyuntura política la cual se resume en una frase: El imparable Donald Trump. Este proceso se define por la paulatina separación y quiebre de los sectores obreros y populares estadounidenses con las élites estadounidenses neoliberales y la fractura interna dentro de las mismas elites, Trump representa a una parte de esa minoría selecta que renuncio al cosmopolitismo capitalista y que decidió volver al capitalismo nacionalista, esto ocasiona un problema estructural en la lógica neoliberal porque significa un cisma en las elites derechistas y la radicalización de los inconformes con la globalización.

Esta minoría selecta va generar lazos con otros proyectos políticos similares (Putin, Abascal, Le Pen, Bolsonaro, Milei, Kast, Fujimori), tomando distancia del neoliberalismo y desarrollando un proyecto político dotado de valores fascistas, misóginos, patriarcales y cristianos. La globalización decapitada es pues un proceso del cual ha desertado una parte de sus élites.

Una de las primeras ideas que usa e impulsa Donald Trump es culpar a los y las migrantes de la actual decadencia de los Estados Unidos, para Trump, los migrantes son la representación antitética de lo que él y sus seguidores van a entender "comunidad imaginaria", una nación fuera de la globalización, encerrada en sí misma y rodeada de muros que alejen a los extranjeros o al menos los contengan fuera de la nación blanca y supremacista que él imagina como el futuro sueño americano, pero no se refiere a cualquier tipo de migrante, se refiere a los migrantes "sin papeles", a los clandestinos, a los "mano negra", a los que viven en una exclusión constante por su condición de ilegalidad.

Los migrantes sin papeles tienen migrantes con papeles en los Estados Unidos y eso puede definir en un marco polarizado el resultado de las elecciones, los migrantes lo saben y se mueven desde la micropolítica tejiendo redes sociales y alianzas, lo cual obviamente preocupa a los libertarios estadounidenses.

CONCLUSIONES

Transformado en un icono ritual para sus seguidores, Donald Trump se presentó ante la convención republicana como el salvador de la nación americana [estadounidense], heredero vulgar de intelectuales cómo Samuel Huntington y replicado por sus imitadores subdesarrollados en Argentina (Milei), Brasil (Bolsonaro); Chile (Kast), por mencionar algunos ejemplos.

Trump es algo especial, es imparable, además de capitalista, millonario, macho, misógino, patriarcal, heteronormado, sobreviviente de un intento de asesinato y supremacista blanco, es poseedor de una honestidad brutal en su comunicación política con sus seguidores y adeptos que ha desarrollado un discurso supremacista enfocado en señalar a los responsables de poner en duda el "american dream", de los migrantes y básicamente los migrantes mexicanos, porque son estos los responsables de envenenar la sangre blanca de los estadounidenses, porque son estos migrantes los responsables de esparcir los opioides artificiales entre la población blanca norteamericana, porque son estos los delincuentes que operan en la impunidad en México y que también son estos migrantes, los portadores de enfermedades innombrables y de valores que ponen en jaque a la sociedad estadounidense.

Trump es considerado un fascista poseedor de una puntería política inobjetable, ha logrado reunificar a la población blanca campesina y obrera de los Estados Unidos, abandonada y sacrificada por el neoliberalismo cosmopolita de Clinton y Obama, el cual acabó con las industrias automovilísticas en las ciudades del cordón industrial que el capitalismo fordiano forjó a lo largo del siglo XX, y que dio sentido y prosperidad a la población blanca de los estratos populares, la cual es hoy en día la base social del proyecto político trumpista anti globalizador. En este contexto el imparable Donald Trump, en la batalla electoral y política en contra de Kamala Harris y los demócratas, fue curiosamente fue invencible, ganó las presidenciales, el congreso y la cámara de representantes, ahora es el nuevo poder de una derecha contradictoria pero deseosa de deportar migrantes.

Trump representa un caso político que evoca todo el pasado machista de la política tradicional anterior al despliegue a la globalización, es nacionalista, es machista, es supremacista y antagónicamente hablando es un demócrata a la fuerza, se nos viene encima un vendaval que busca resucitar al nacionalismo metodológico, y en consecuencia es también un político dotado de una mirada desglobalizada. No sabemos con certeza que ocurrirá cuando gane o pierda la mayoría en el congreso en noviembre de 2026, lo cierto es que los dados están en el aire

El Resurgimiento del Estado-Nación frente a la Globalización

Lo que los profetas de la globalización anunciaron como la muerte del Estado-nación ha quedado en el pasado. La consigna "América Primero, América Primero" se ha convertido en el grito de guerra para consolidar un Estado fuerte y revertir todas las tendencias que la globalización parecía imponer de forma irreversible. Esta nueva postura política desafía las previsiones de quienes, como Fukuyama, aseguraban que el nacionalismo y la cultura nacional eran menos racionales que la democracia universal.

Según Fukuyama, esa mezcla de filósofo y yuppie que despistó a tantos con su obra El Fin de la Historia y su lenguaje cuasi-hegeliano, "el nacionalismo y la cultura nacional son menos racionales que la democracia universal".

Para él, estos elementos son obstáculos para el establecimiento de democracias exitosas y economías de mercado, obstáculos que estaban condenados a desaparecer a medida que se imponían los valores liberales.

Lo decía el Señor Naisbitt, el autor afamado de las Megatendencias: "Vivimos una época de grandes cambios y de comienzos nuevos. Un mundo de mil países es mi metáfora para describir el fin del Estado-nación. Los Estados serán cada día menos relevantes.

La obsolescencia del gobierno central y el giro nacionalista

El prestigioso historiador Paul Kennedy, conocido por sus análisis sobre el declive de los imperios, sostenía que el gobierno central, entendido como la base de la gobernabilidad, ha quedado obsoleto en el contexto actual. Según Kennedy, los profundos cambios globales que atraviesa el mundo están cuestionando la utilidad misma del Estado-nación, al señalar que el Estado resulta demasiado grande para actuar con eficiencia en ciertos ámbitos y, al mismo tiempo, demasiado pequeño para abordar otros retos fundamentales. Esta situación ha generado, sin duda, un aumento de las presiones para redistribuir la autoridad estatal, tanto hacia arriba —en dirección a estructuras supranacionales o, como él denomina, la "aldea global"— como hacia abajo, potenciando el papel de los gobiernos locales.

No obstante, todo este planteamiento fue drásticamente revertido por Donald Trump mediante la promulgación de quince órdenes ejecutivas. Con estas medidas, Trump transformó radicalmente la ideología y las políticas derivadas de la globalización, sustituyéndolas por un escenario en el que los nacionalismos resurgen y se articulan para que cada país busque ventajas particulares. Esta dinámica fomenta el aislacionismo, en detrimento de la cooperación global y de los marcos supranacionales que parecían imponerse en la era de la globalización.

El impacto de la globalización en el Estado-nación

La globalización se ha manifestado como una fuerza económica, cultural y geopolítica que pone en entredicho la propia existencia de las naciones y los estados. En el ámbito económico, el manejo autárquico de las políticas macroeconómicas ha pasado a ser una cuestión del pasado. Un ejemplo claro de este fenómeno se observa en el hecho de que las reservas conjuntas de los bancos centrales de Estados Unidos, Alemania y Japón no tienen el mismo peso que los movimientos transnacionales de capital que pueden producirse en un solo día. Este desequilibrio evidencia que la capacidad de los estados para controlar su economía es cada vez más limitada frente a los flujos globales.

En lo cultural, se argumenta que las culturas nacionales están en proceso de transformarse en "piezas de museo" ante el avance imparable de la cultura global. Las identidades nacionales, que históricamente han sido el fundamento de los estados, parecen diluirse frente al predominio de valores y prácticas compartidas a nivel internacional.

Desde el punto de vista geopolítico y militar, la capacidad de destrucción ha alcanzado una escala planetaria. Por ello, la seguridad militar de cada país depende cada vez más de sus aliados. El surgimiento de nuevos tratados y organismos supranacionales ha llevado a que se regulen y supervisen áreas que antes estaban reservadas exclusivamente a los estados individuales. Este proceso contribuye al debilitamiento de la noción clásica de "soberanía", que permanecía intacta desde el siglo XVII.

Ahora, surgen figuras como la "soberanía de la humanidad" o el controvertido "derecho de injerencia", que cuestionan el poder absoluto del Estado-nación.

No resulta sorprendente, entonces, que cada vez sean más quienes proclaman un réquiem por el Estado-nación, considerando que las fuerzas globalizadoras parecen desintegrar sus bases tradicionales y empujarlo hacia una redefinición de su papel en el mundo contemporáneo.

Pero se equivocaron, no solamente porque España, Gracia, Reino Unido y ahora Estados Unidos y puede seguir Francia, eligieron a populistas de derecha y de izquierda con promesas de hacer renacer a sus países con ese viejo nacionalismo retrograda que hará que se puedan no solamente años, sino décadas de avance en la conformación de un mundo más solidario.

El Estado-nación frente a la globalización: persistencia y transformaciones

Nietzsche afirmaba que cuando existe un amplio consenso en torno a una idea compleja, probablemente deba buscarse una explicación más sencilla. Aplicando esta perspectiva, el declive del Estado-nación puede explicarse de forma simple a través del avance de la globalización.

El propio presidente Reagan sintetizó este sentir en una frase célebre: "El Estado no es la solución a nuestros problemas; el Estado es nuestro problema". Sin embargo, en la actualidad, Trump sostiene una visión opuesta.
Con la llegada de Trump y el auge de otros movimientos nacionalistas, el Estado-nación no solo sobrevive, sino que muestra un renovado dinamismo en los ámbitos económico, cultural y geopolítico.

- Economía: Ante la pérdida de autonomía macroeconómica, los Estados han adoptado estrategias de mercantilismo microeconómico. Esto se traduce en la defensa activa de sus industrias mediante el apoyo tecnológico, la capacitación de trabajadores y la concesión de subsidios, incluyendo mecanismos de protección "selectiva" frente a la competencia extranjera. Ejemplo de ello es el intenso debate entre defensores y detractores del "fast track" en grandes potencias exportadoras.
- Cultura: Las culturas nacionales no se han convertido en meras "piezas de museo". Prueba de ello es la reciente historia de la ex-Yugoslavia, donde las identidades nacionales han demostrado su vigencia y capacidad de movilización social y política.
- Geopolítica y seguridad: El concepto clásico de "seguridad nacional" sigue ocupando un lugar central en la política militar de los países, y la guerra continúa formando parte de las relaciones internacionales. Aunque existen tratados y organismos multinacionales, estos actúan por delegación y no reemplazan la soberanía tradicional de los Estados.

En definitiva, el réquiem por el Estado-nación resultó ser, al menos por ahora, prematuro. Las transformaciones derivadas de la globalización no han eliminado la relevancia del Estado, sino que lo han obligado a reinventarse y a buscar nuevas formas de adaptarse a los desafíos contemporáneos.

La reinvención del Estado en la aldea global

En el contexto actual, se observa una carrera manifiesta entre los países de la periferia por posicionarse en entornos internacionales más favorables dentro de la denominada aldea global, buscando distancia respecto a Estados Unidos. Ejemplos de ello los encontramos en casos como Israel y Chile, Singapur y la República Checa, Nueva Zelanda y São Paulo, Malasia y Costa Rica. Resulta difícil afirmar que el Estado no ha jugado un papel determinante tanto en los éxitos como en los fracasos de estos países; basta con observar situaciones contrapuestas, desde los logros alcanzados hasta casos como Libia o Uzbekistán.

Esto pone de manifiesto el delicado y decisivo papel que sigue desempeñando el Estado, así como el abanico de nuevas responsabilidades y retos que asume en el escenario contemporáneo. El Estado se enfrenta, por tanto, a tareas complejas y de gran envergadura, que requieren adaptabilidad y capacidad de respuesta ante los desafíos de la globalización.

Por otro lado, la experiencia individual y la influencia de los medios masivos de comunicación evidencian cada día la multiplicidad de formas posibles de vivir en el mundo actual. Es una época marcada por la fragmentación, la perplejidad, la confusión, la turbulencia y el cambio constante. Se trata, en definitiva, del tiempo de la incertidumbre. Esta situación no se debe a la ausencia de ideologías simplificadoras, como señalaba Ionesco, sino a que ninguna de ellas ofrece respuestas concluyentes o soluciones universales.

En consecuencia, los pactos y acuerdos que en el pasado garantizaban el orden social requieren ser revisados y replanteados continuamente para adaptarse a la realidad cambiante. El Estado, en tanto que garante del orden jurídico, no ha desaparecido; más bien se encuentra en un proceso permanente de reinvención y ajuste diario. Sin embargo, las lecciones que ofrece la experiencia histórica parecen no ser comprendidas por figuras como "The Apprentice", quien pretende reescribir una historia distinta a partir de sus propias convicciones.

Globalización, democracia y gobernabilidad

La globalización ha supuesto una auténtica oleada de libertad, impulsando la expansión de la democracia —el poder del pueblo— en numerosas regiones del mundo. En este contexto, los ciudadanos han comenzado a tomar control efectivo de los gobiernos locales, y estos, a su vez, han asumido nuevas funciones que tradicionalmente correspondían al Estado central.

Este proceso ha implicado una distribución más amplia del poder, permitiendo que diferentes actores participen en la toma de decisiones y en la gestión pública. Sin embargo, resulta crucial matizar que, aunque la globalización ha transformado profundamente las estructuras políticas y sociales, no está provocando el fin de la gobernabilidad. Por el contrario, está obligando a repensar y descubrir que la gobernabilidad puede y debe ser democrática.

Así, la adaptación de los sistemas de gobierno a los cambios derivados de la globalización revela que la gobernabilidad no solo es compatible con la democracia, sino que la exige, promoviendo una participación más activa y directa de los ciudadanos en los asuntos públicos. Esta transformación es parte de un proceso continuo, donde la reinvención del Estado y el fortalecimiento de las instituciones locales resultan esenciales para responder a los retos contemporáneos.

Las tensiones distributivas persisten y el Estado sigue siendo quien las regula. La globalización no elimina los conflictos, sino que crea nuevas divisiones sociales. En cada país, hay ganadores, como empresarios tecnológicos, financieros y trabajadores calificados, y perdedores, como agricultores, industrias tradicionales y empleados estatales. Esto ha reemplazado la antigua disputa entre izquierda y derecha por un enfrentamiento entre quienes apoyan o rechazan la apertura económica y cultural. Globalismo y aislacionismo son ahora las dos posturas principales; en Estados Unidos, los electores del "rust belt", perjudicados por la globalización, optaron por el aislacionismo.

El discurso de Trump y la gobernabilidad en la era global

Donald Trump alcanzó la presidencia apoyándose en un discurso que planteaba la necesidad de una profunda reingeniería de la administración pública en el contexto de la globalización. Según su planteamiento, era imprescindible transformar la gestión estatal para que resultara realmente más eficiente y eficaz. Defendía la idea de que la administración debía concentrarse en lo fundamental, evitando intervenir en asuntos que no le competen y ejecutando las tareas públicas de acuerdo con criterios de eficiencia, alejándose de lo que él consideraba la ineficacia de los políticos tradicionales de Washington.

En línea con este enfoque, Trump proponía renegociar la posición de Estados Unidos en la aldea global, buscando una retirada planificada y beneficiosa para los intereses nacionales. Su objetivo declarado era asegurar el mantenimiento del orden público en una sociedad cada vez más segmentada, respondiendo a las demandas que la ciudadanía le señalara. Además, pretendía filtrar los impactos redistributivos de la globalización, protegiendo a las clases sociales menos favorecidas de sus efectos adversos.

No obstante, aunque su discurso prometía respuestas a las inquietudes de los sectores excluidos y una revisión del papel del Estado frente a la globalización, la vía elegida —poner freno al proceso globalizador— amenazaba con provocar precisamente los efectos contrarios a los buscados. En lugar de lograr una mayor cohesión social o una redistribución más justa, sus políticas de cierre y aislamiento podían acentuar las divisiones y las tensiones internas, así como dificultar la adaptación de la administración pública a los desafíos de un mundo interconectado.

Los países ganadores de la globalización se conforman con el "buen gobierno", porque no necesitan nada más. Pero se han equivocado también, no hicieron nada para prevenir el miedo y la "indignación" de los excluidos. Esos "indignados" que hoy son anti sistémicos y que quieren regresar a los días de "gloria" donde ellos recibían un atajada del pastel. Los países en proceso de construcción, como tantos de América Latina, necesitan de gobernabilidad, porque no han acabado de resolver el quíntuple desafío de la dependencia, la violencia, el autoritarismo, la injusticia y la ineficacia del sector público. Así que, el asunto va más allá del "buen gobierno". Incluso va más allá de la gobernabilidad. El real desafío es lograr una gobernabilidad democrática, comenzando por hacer gobernables nuestras democracias. El trabajo apenas estaba comenzando, hoy eso quedó atrás, la globalización está muriendo.

5. DESEQUILIBRIOS GLOBALES Y RESPUESTA A LA CRISIS

La respuesta a la crisis global que producen as orientaciones de Trump no parece estar abordando las causas estructurales de la crisis. Más que en el déficit comercial de Estados Unidos, sus problemas hipotecarios, parecen estar en varios desequilibrios y asimetrías globales que se refuerzan entre sí, dando lugar a un modelo que se mostrado insostenible. En primer lugar, se encontrarían los desequilibrios macroeconómicos entre los países que acumulan ahorro, y los que gastan en exceso. Como ha señalado Eswar Prasad (2009) "Un desequilibrio macroeconómico global es lo que ha avivado las llamas de la crisis.

Los bajos tipos de interés y el consumo excesivo de Estados Unidos fue exacerbado por el exceso de ahorro de china y otras economías emergentes. La solución a largo plazo para las economías emergentes es impulsar su propio consumo, pero ahora están en camino de hacer lo contrario porque se han enfocado en los beneficios domésticos de corto plazo al hacer más esfuerzos para impulsar las exportaciones, aumentar el ahorro y agrandar las reservas de divisas, que volcarán en bonos del gobierno de Estados Unidos como una colocación segura. Entretanto, esperan que lo que saque a la economía global de la crisis sea el consumo estadounidense, en forma de un plan de estímulo alimentado con endeudamiento".

Hacer frente a este problema requeriría modelos de crecimiento basados en mayor medida en el mercado interno de los países en desarrollo, funcionales a la lucha contra la pobreza, así como un nuevo sistema monetario y financiero mundial, con una adecuada representación de los países emergentes y en desarrollo, que sea capaz de asegurar la estabilidad y prevenir las crisis de manera adecuada.

Por sus limitados resultados, las "Cumbres" del G-20 no han sido un "nuevo Bretton Woods" y esta cuestión sigue abierta.

De acuerdo con Paul Krugman, la crisis es la expresión de graves desequilibrios en la capacidad de regulación y el ejercicio del poder en la economía política global, entre el Estado y el mercado. Quizás no se era consciente del grado en el que se ha debilitado el poder del Estado como consecuencia de los procesos de globalización, cosa que Trump quiere revertir. La crisis lo ha revelado de manera dramática. Se había señalado que el proceso de cambio más relevante en cuanto a la distribución del poder era el reequilibrio que se estaba produciendo entre los países avanzados y los países emergentes, como parte del proceso de conformación de un sistema mundial multipolar. Ahora vamos hacia un mundo "Z" polar.

El mundo Zero polar implica que no habrá una potencia o dos hegemónicas, que Trump dejará a su suerte a Europa, y China y Rusia aceptarán el regalo: dividirse nuevamente las regiones de control e influencia. La tesis del "desacople" sería una expresión de ese proceso. Sin embargo, la crisis parece indicar algo distinto, y más alarmante: con la globalización y el celo desregulador del neoliberalismo.

En el ámbito financiero el poder se habría "evaporado" en un vasto mercado global en el que ningún actor podría ejercerlo eficazmente: ni los Estados avanzados ni emergentes, cuyas opciones se ven limitadas por la integración financiera global, ni las firmas privadas, que ven volatilizarse su valor bursátil o se ven empujadas a la quiebra por un proceso que de una forma u otra contribuyeron a desencadenar.

Para los países en desarrollo, que siguen viendo el sistema internacional a través del prisma de y que creyeron poder aumentar su influencia y al tiempo aislarse de esos procesos, se trata de un doloroso aprendizaje, y debería contribuir a alentar una participación más activa en la gobernanza global.

Trump crítica, en particular, los paquetes de estímulo adoptados de manera descoordinada o, peor, el recurso al proteccionismo, y las devaluaciones competitivas, y otras políticas de "empobrecer al vecino" convertirían a las políticas públicas en parte del problema, más que de la solución. Y no se debe ignorar que la respuesta a una crisis de naturaleza global no será eficaz si se deja a la intemperie a los países más débiles y vulnerables, que no cuentan con los recursos para poder llevar a cabo las políticas contracíclicas necesarias.

El caso de México es emblemático, los ataques sin fundamentos (cobrar por construir el muro, aplicar el 20 por ciento de arancel, las deportaciones masivas), calificados por los propios republicanos como estúpidos y un error, muestran la ignorancia y estupidez de Trump y sus asesores.

Por todo, la crisis económica y financiera, que está provocando Trump en el mundo, deviene, en última instancia, en un problema esencialmente político: una visión corta y miope de lo que es nacionalismo y de hacer de América grande otra vez.

La crisis pondrá claramente de manifiesto que, ante la globalización del comercio y las finanzas, es necesario crear mecanismos eficaces y legítimos para la gobernanza global, a través de un "nuevo multilateralismo" que sea capaz de dar un papel más relevante a los países emergentes y en desarrollo, pues sin ellos, o contra ellos, no habrá salida a la crisis de relaciones entre el mundo y Estados Unidos.

Es cierto que la globalización no pudo ni puede resolver el problema que afecta a la distribución de la riqueza en un mundo caracterizado por una marcada desigualdad, en el que la reducción de la pobreza y el desarrollo sostenible, además de ser un imperativo político, se convierten en elementos clave de la recuperación. Los magros resultados alcanzados a escala global en la reducción de la pobreza y la desigualdad dependían de un modelo de crecimiento que en muchos aspectos se ha mostrado insostenible, y su mero restablecimiento ya no es una opción viable. Hay que evitar que la crisis se lleve por delante esos logros, por limitados que puedan ser en algunos países, o que se produzcan retrocesos.

Pero más allá de los paquetes de estímulo fiscal y otras medidas de corto plazo de "contención" de la crisis, será necesaria una visión de largo plazo que redefina los procesos de desarrollo y la reducción de la pobreza sobre bases más equitativas y sostenibles. Pero ese no es un objetivo de Trump, él quiere reducir la pobreza sólo en su país y a costa de los demás países.

FASES PARA RECORDAR

Joseph Stiglitz (JS) –laureado con el premio Nobel de Economía, ex jefe de economistas del Banco Mundial y ex asesor de Bill Clinton– sentencia la muerte del neoliberalismo, o lo que es lo mismo, de la globalización. (http://goo.gl/Wppcr2), (http://goo.gl/mSZrqA)".

JS arguye que el neoliberalismo global –es decir, la globalización–, la escuela dominante del pensamiento económico en Occidente, del FMI y el Banco Mundial en los pasados 30 años, se encuentra en su fase terminal.

El neoliberalismo global epitomiza el "consenso de Washington (http://goo.gl/yxqkcu)": la idea que el libre mercado, los mercados abiertos, la privatización, la desregulación y las reducciones en el gasto del gobierno diseñados para incrementar el papel del sector privado son las mejores vías para estimular el crecimiento.

A juicio de JS, desde la crisis financiera de 2008 existe una creciente opinión en los círculos económicos y políticos de que el neoliberalismo no sea la vía correcta para el mundo en el futuro, cuando en los recientes años se profundizaron la desigualdad y el bajo crecimiento.

La euforia neoliberal, que sujetó al mundo desde la década de los 80, se ha desvanecido, aduce JS, en especial en los países que inventaron la globalización: EU y Gran Bretaña (GB), bajo la modalidad del thatcherismo/ reaganomics/clintonomics/ blairismo– con la excepción notable del "México neoliberal itamita" que goza en forma sadomasoquista su adicción teológica y se encuentra desfasado lastimosamente de la realidad global.

JS sentencia que en el mundo académico la globalización ha sido rechazada y ahora los jóvenes estudiantes tratan de entender dónde fracasan los mercados y qué hacer al respecto, con el conocimiento de que sus fracasos son expansivos a nivel micro y macroeconómico.

En los círculos políticos sucede lo mismo, con la excepción de la derecha en EU, que no lo reconoce, aunque varios de sus palafreneros admiten que los mercados no operan muy bien, pero que el problema es que los gobiernos son incapaces de corregirlo. Trump se supone que es la salvación, al no ser un "político".

La quintaesencia de la ideología neoliberal ha sido rechazada: la idea que los mercados funcionan mejor cuando son dejados solos y que un mercado desregulado es la mejor manera de incrementar el crecimiento económico.

Los mercados no funcionan, arguye JS, y el debate es cómo podemos hacer que los gobiernos funcionen en forma tal que alivie esto, ya que el neoliberalismo está muerto, la globalización ya murió para JS, tanto en los países desarrollados como en vías de desarrollo. Insisto: menos en el "México neoliberal itamita", donde sus adictos y tóxicos turiferarios no se han enterado, ni lo desean.

El portal británico rememora que hasta los principales tres economistas del FMI –el máximo campeón del neoliberalismo– admitieron que la globalización genera una enorme desigualdad (http://goo.gl/t2LZw7).

Peor aún: vulgares propagandistas vinculados a la banca israelí han sacralizado el becerro de oro del neoliberalismo pinochetista golpista como el modelo a seguir en Latinoamérica (http://goo.gl/aV0S83).

Hoy Trump, favorece la expansión de empréstitos gubernamentales para financiar los proyectos de infraestructura. Un mes antes de la crisis del 2008, catalizada por el banco Lehman Brothers, JS se preguntaba si había llegado el liberalismo a su fin (http://goo.gl/O10z8k).

Pero JS no fue el único en vislumbrar el desplome de la globalización.

Según Alfredo Jalife-Rahme ,uno de los máximos filósofos anglosajones, el canadiense John Ralston Saul, había adelantado desde 2005 el colapso de la idolatría del mercado, al unísono de su determinismo tecnocrático y tecnológico, por lo que había que "reinventar el mundo (http://goo.gl/pH52ku)". Pareciera que los escasos filósofos que quedan, como los oráculos de Delfos de antaño, son los pocos que conservan la sindéresis en el mundo del espejismo y la distopía del neoliberalismo y su caos geopolítico global.

Igualmente Jalife, cree que otros intelectuales también avanzaron desde 2000 la fase por venir de la "post-globalización y sus balcanizaciones (http://goo.gl/uoD0Ai)", lo cual refrendó en 2007 con mi postura sobre la desglobalización (http://goo.gl/2bcs5Z).

Parte de este libro publicado en 2011 preveía los resultados de la crisis y el desencanto con la globalización. Por ello lo titulamos, Globalización ¿un futuro imposible?

Adicionalmente, el connotado economista francés Jaques Sapir también abordó la desglobalización en 2012 (http://goo.gl/aT355i).

Cuando el neoliberalismo global y/o la globalización financierista han fallecido, hoy se exige por salubridad su sepultura civilizada a los dos lados del Atlántico Norte, donde florecen sus máximos críticos: el Brexit(http://goo.gl/HwNoEf) y su imagen en espejo en EU, el trumpismo (http://goo.gl/ToVIL0).

Alfredo Jalife-Rahme, asume que hoy quienes se beneficiaron sin escrúpulos de la globalización financierista en detrimento del género humano, como el mega-especulador George Soros, y sus presuntos patrones, los banqueros esclavistas Rothschild, vociferan que el mundo vive el máximo experimento en la política monetarista, conducida por los central banquistas occidentales que han colocado al mundo en "tierras incógnitas (http://goo.gl/4q2OrR)".

Alfredo Jalife-Rahme también cree que en contraste con los banqueros/especuladores israelíes, como los Rothschild y su hombre de paja Soros, el economista francés Thomas Piketty, con un enfoque más economicista que financierista, ha expuesto los estragos de la desigualdad y la austeridad que ha provocado el caduco modelo neoliberal (http://goo.gl/s6YjyF).

Alfredo Jalife-Rahme se pregunta qué, más allá del ultra-reduccionismo economicista y/o financierista, carente de visión geoestratégica, ¿qué sigue, cuando se despliega la desglobalización en pleno caos global geopolítico debido a la decadencia de EU y su fallido orden unipolar?

¿Economía mixta de libre-mercado con control estatal (sumado hoy del control ciudadano cibernético)?

¿Preponderancia de la economía real sobre el pernicioso financierismo de las burbujas especulativas de las plazas de Wall Street y la City? ¿Neo-keynesianismo con re-regulación?

¿Proteccionismo regionalizado en los diferentes bloques económicos bajo la férula geopolítica de las esferas de influencia del nuevo (des) orden tripolar EU/Rusia/China?

¿Regionalismos de libre comercio, es decir, proteccionismos regionalizados en los diferentes bloques económicos, si es que no se balcanizan en el camino, bajo la férula geopolítica de las respectivas esferas de influencia tripolar de EU/Rusia/China?

Para Alfredo Jalife-Rahme queda pendiente el devenir de la hegemonía unipolar del dólar (http://goo.gl/wvCU55), paradójicamente omnipotente en la fase del caos global, que no refleja el imperante híbrido mundo multipolar ni el nuevo (des)orden tripolar de EU/Rusia/China cuando estas dos últimas superpotencias apuestan a la desdolarización global y al resurgimiento del oro, acompasados de la internacionalización de la divisa china en ascenso.

6. NO HAY QUE TEMER A TRUMP

Nunca antes un presidente norteamericano había generado, desde su llegada y en sólo cinco días, tal movimiento en su contra en todo el mundo, las marchas contra él, organizadas por una mayoría femenina, apenas al día siguiente del inicio de su gestión presagiaban un mandato turbulento, las protestas en la mayoría de los estados contra sus medidas hacen prever momentos complicados para el mundo, que lejos de aminorar, con sus propuestas parece incluso impulsarlo a endurecerlas al retar a todos con su estilo, primero como candidato y ahora como gobernante, lo que genera temor, pues utiliza su poder para intimidar a las empresas, a los medios, a los gobiernos, a sus propios empleados, todo ello aunque no tenga razón, se basa en la creencia que sus seguidores lo apoyarán y culparán a la prensa o a sus enemigos de no saberlo interpretar en la búsqueda de sus objetivos, se sabe adorado por sus seguidores y no le importa escuchar a los demás.

Donald Trump tiene todo el derecho a gobernar como le plazca, pero hacerlo de manera grosera y agresiva, con una que parece más una declaración de guerra: plantea una guerra económica (America first, America First -Primero América, Primero América), manejando su país como si fuera una empresa, sin importar si genera pobreza, desempleo o deteriora las condiciones del cualquier otro lugar, y eso lo hace desde la posición de presidente del país más rico y más poderoso, sus premisas bordean en la demagogia y las llena de mentiras fácilmente creídas para sus votantes, los norteamericanos con menos escolaridad y afectados por la crisis económica.

Quienes lo defienden argumentan que está gobernando para su país y que si eso afecta a los otros países se debe a sus malos gobiernos, esa visión es muy corta, aunque sea verdad (y lo es en muchos casos como el de México). Con esa mentalidad EU no sería el líder respetado que es hoy; durante años, al presidente de ese país se le consideraba el "líder del mundo libre" y hoy podemos olvidarnos en esa frase de las palabras "libre" porque nada está más peleado con las libertades que cerrar fronteras, limitar a la prensa o perseguir migrantes.

Esto es tan sólo el comienzo de una serie de medidas planeadas por Trump y sus asesores extremistas creyentes de la supremacía de la raza blanca. Su peor amenaza es echar por tierra acuerdos internacionales y el inicio de una carrera de armamento nuclear. ¿Hasta ahora no te lo creías? Pues es hora de creer que intentará cumplir todas sus promesas de campaña. Hoy es tal vez la persona que genera más aversión en el planeta y la comparación con Hitler se queda corta de acuerdo a estudiosos de la política en Estados Unidos.

¿Cuáles son sus decisiones más polémicas y como afectan a México?

1. La más peligrosa idea de Donald Trump es la de aplicar un aranceles indiscriminadamente.

A partir de febrero de 2026, la política arancelaria de Donald Trump hacia sus principales socios comerciales se ha intensificado con nuevas amenazas y medidas vigentes:

Canadá: Amenaza de aranceles del 100%

Nueva amenaza: Trump amenazó recientemente con imponer un arancel del 100% a todas las exportaciones canadienses si el gobierno de Ottawa concreta un acuerdo comercial estratégico con China.

Sector aeronáutico: A finales de enero de 2026, Trump anunció la intención de aplicar aranceles del 50% a todos los aviones fabricados en Canadá (específicamente contra Bombardier) hasta que se certifiquen jets estadounidenses en ese país.

Arancel general: Actualmente, los productos canadienses enfrentan una tasa del 35% (elevada desde el 25% original en agosto de 2025), aunque gran parte del comercio sigue exento bajo el T-MEC (USMCA) si cumplen con las reglas de origen

México: Presión por migración y energía

Estatus actual: México enfrenta aranceles del 30% en diversos productos, además de un gravamen específico del 25% vinculado a la lucha contra el fentanilo.

Nuevas amenazas: Trump ha sugerido nuevos impuestos a países que suministran petróleo a Cuba, lo que podría afectar directamente a México.

T-MEC: A pesar de las tensiones, la mayoría de los bienes mexicanos que cumplen con el tratado siguen entrando libres de impuestos. Ambos gobiernos han acordado iniciar formalmente la revisión del T-MEC en 2026 para dar certidumbre a las cadenas de suministro.

China: Guerra comercial y fentanilo

Aumento de tarifas: En su segundo mandato, Trump elevó los aranceles a China hasta un 145% en ciertos sectores estratégicos.

Arancel por fentanilo: Se mantiene un cargo adicional del 10% específicamente vinculado a la falta de cooperación en la crisis del fentanilo.

Tregua parcial: Aunque existe una "tregua" firmada a finales de 2025 que canceló algunos aranceles relacionados con precursores químicos, las exclusiones arancelarias actuales para 178 productos chinos tienen vigencia hasta el 10 de noviembre de 2026.

2. Con el veto a musulmanes de siete países, Trump ha demostrado que los peores temores sobre su presidencia se han hecho realidad y ha suscitado el rechazo mundial incluyendo al propio cuerpo diplomático y de personal de alto rango del Departamento de Estado. El cuerpo diplomático estadounidense, está muy preocupado por una medida que, consideran más de un centenar de funcionarios, va a lograr todo lo contrario de lo que afirma la Casa Blanca, que insiste en que con la orden se pretende hacer de Estados Unidos un país más seguro.

De momento, la suspensión de las expulsiones se mantendrá hasta el 21 de febrero, de acuerdo con la orden de la juez Ann Donnelly. Una entidad de defensa de los derechos civiles, la American Civil Liberties Union (ACLU), presentó la denuncia en nombre de Hamid Jalid Darwish y de Haider Samir, los dos iraquíes detenidos en el JFK de Nueva York, pero como magistrada federal su decisión afecta a todo el país. Varios estados están por presentar demandas de inconstitucionalidad de esta medida.

Para México, el endurecimiento de las medidas afectará a los connacionales que día a día cruzan la frontera para trabajar allá sin permiso para ello ya que la "Green card" es un permiso de entrada no de trabajo.

3. Trump ha hecho público en numerosas ocasiones su rechazo a los controles medioambientales y ha negado la existencia del cambio climático aduciendo que es un invento de los chinos para recibir recursos contra la contaminación, Para México el efecto es mínimo, ya que el "Acuerdo de París" sigue vigente para todos los demás países. Pero Estados Unidos es el país que más contamina en el mudo y está muy cercano.

4. Otro de los temas recurrentes en las conferencias de prensa es la renegociación o abandono del TMEC. México exporta por medio del Tratado de Libre Comercio de América del Norte una gran cantidad de importaciones previas que integra a los productos finales (carros, lavadoras, computadoras entre otros), a través de industria en maquiladora, con muy bajo valor agregado nacional, entonces el sector exportador vende, pero con la base de importaciones por lo que es uno de los factores de no crecimiento de la economía.

Dadas las actuales circunstancias lo mejor para México sería abandonar el TMEC, porque, aunque existen elementos positivos, los negativos son mayores: dependencia al estar en una zona de confort en la cual los empresarios no suben los salarios, no invierten en innovación y desarrollo de nuevos productos, etc. Para mantener el TMEC, el elemento central es otorgar salarios bajos en México y esto les otorga competitividad a las empresas norteamericanas, con lo que obtienen grandes ganancias y nosotros sólo recibimos sueldos bajos. Pero debido a los salarios bajos, la economía de México no crece, al estar deprimido el mercado interno. El 85 por ciento de las personas que trabajan en este país ganan menos de 10 salarios mínimos, y con eso apenas y subsisten, con eso no van a comprar bienes de otra naturaleza y hacer que la economía crezca.

Estaríamos en un escenario negativo en donde va a haber un impacto de corto plazo. El promedio de crecimiento económico de los últimos 30 años ha estado cerca del 2,5% y ahora será del 1,5% (para 2017). Habría un impacto en empresas y en la fuerza laboral ya que cerca de 1.6 millones de mexicanos trabajan en empresas relacionadas con las exportaciones a Estados Unidos.

Se requiere un cambio radical en el modelo económico, pues además de las crisis de seguridad, económica, política, de instituciones y otras con las que estamos lidiando; existe el enojo y la frustración con todos los gobiernos estatales por los casos de corrupción y de impunidad creciente.

La polarización que durante años hemos alimentado todos, queriéndolo o no, nos une momentáneamente contra un gobierno norteamericano abiertamente anti-México, abiertamente proteccionista hacia sus intereses económicos, y abiertamente insensible ante temas humanitarios

5. El famoso muro que Trump parece decidido a hacer, más que físico es simbólico, es una promesa de campaña que tiene que cumplir para no parecer mentiroso, y hay que darle una salida decorosa al tema. Su decisión —horas después de tomar protesta como presidente— de eliminar la versión en español de la página de la Casa Blanca para consulta de millones de ciudadanos en Estados Unidos es una confirmación, una vez más, de su aversión a la raza hispana, aunque tengan la ciudadanía. Su manejo de prensa, negando realidades (como la multitud congregada en su toma de protesta o la audiencia de ese acto) con sus ahora famosos "hechos alternativos" o sus afirmaciones sobre el fraude, sin sustento, pero justificadas por sus voceros con un "él así lo piensa", dan muestra de su poco respeto por la libertad de expresión y de prensa.

Además del nefasto muro y de los incentivos negativos para sacar a compañías globales de territorio mexicano, amenaza a las ciudades santuario, aquellas ciudades que permiten y no persiguen la presencia de migrantes sin papeles, con cortarles los fondos federales si protegen a seres humanos que migran por necesidad o por violencia en sus países. Afortunadamente hemos visto la reacción de políticos de ese país, de intelectuales, de empresarios, de artistas, de muchos valientes que le ponen cara a un hombre acostumbrado a ganar por la mala.

En fin, México tiene ante sí una coyuntura muy negativa en los próximos meses y años, con un petróleo casi agotado, con corrupción e inseguridad.

Hay activos o mercados donde [Trump] ha tenido más impacto, como en el tipo de cambio que puede llegar a los treinta en el momento en que se firme el decreto para la salida del TLCAN. Sin embargo, así como dependemos de Estados Unidos, para ellos es muy importante México. Vamos a tener que hacer la tarea, aprovechar acuerdos existentes, voltear a ver a Asia, Europa y Latinoamérica.

No debemos temer a Trump por lo que haga o deje de hacer en su país, debemos preocuparnos por el nuestro y poner la casa en orden. Las crisis generan oportunidades y esta es una de ellas. La debemos aprovechar para sacudir al país y modernizarlo en lo económico, en lo político y en lo social. Los cambios deben ser radicales como lo son las circunstancias que enfrentamos.

Trump está afectando a todos los países, y debemos construir un movimiento global que pueda frenarlo. Más de 4.5 millones de personas ya han firmado una carta abierta, del mundo para Trump, y ha salido en importantes medios. Hoy se convertirá en un símbolo de la resistencia. Como ciudadanos debemos integrarnos las iniciativas globales de resistencia. Podemos concluir que de seguir Trump con los planes de su agenda, la globalización ha muerto. El retroceso será terrible para Estados Unidos y para el mundo. ¿Qué descanse en Paz!!!??

CONCLUSIONES

1. REFLEXIONES FINALES.

Como lo establecen los críticos de la globalización, cualquier visión de un futuro alternativo que podamos elaborar es terriblemente incierta. La característica principal de la globalización es la complejidad, la incertidumbre y el caos, ello contiene múltiples posibilidades y siempre es dinámica. Los ciudadanos del mundo que intentan visualizar los senderos y tendencias de la globalización no disponen de una base firme ni de un ente rector, una ideología oficial ni de un líder carismático y visionario que nos muestre con certeza cuál será el camino a recorrer y menos aún cómo será ese camino. Solamente nos une la creencia compartida de que existe una capacidad humana para la cooperación, la creatividad y la elección responsable que hará posible darle un rostro más humano a la globalización, pese a que la cultura y las empresas la eliminan muy a menudo.

Necesitamos aprender nuevas formas de unión mundial para hacer realidad lo posible. Dani Rodrik ha afirmado que los mercados cada vez son más globales y, por ello, las reglas e instituciones que necesitan para supervisarlas también han de serlo. Es una visión muy atractiva, sin embargo, tiene muchos límites, de tipo práctico en primer lugar, porque es muy difícil que los gobiernos lleguen a un acuerdo y pongan en marcha una regulación global coordinada. Pero más importantes aún son las razones de peso que explican por qué ese conjunto universal de políticas y reglas no van a satisfacer las necesidades de un grupo de países que son distintos. Las políticas que necesitan India o China son muy distintas de las que necesita Europa.

Los países de Occidente mantienen diferentes opiniones respecto a las medidas apropiadas para los mercados financieros, incluso entre los miembros de la Unión Europea. Y estas son diferencias reales que no van a desaparecer porque asumamos que no existen o por muchas reuniones que mantenga el G-20. Es un camino peligroso, ya que puede llevar a lograr acuerdos regidos por la ley del mínimo común denominador y estos acuerdos dan la falsa sensación de haber alcanzado un logro importante, cuando, en realidad, no son suficientemente sólidos.

Hemos de entender que esto sólo puede llevarnos a logros limitados y, por eso, hemos de crear una economía global que se asiente en sólidas regulaciones nacionales, lo que significará que con diferentes regulaciones nacionales no tendremos mercados globales necesariamente. Eso lleva a ciertas limitaciones de la globalización, sí, pero que la harán más sostenible y más saludable que la actual, basada en ese camino falso, a mi juicio, de reglas globales.

Una de las opciones es la instrumentación de regulaciones y políticas globales para las corporaciones internacionales. Sin embargo, el concepto y las acciones y programas que involucra no deja satisfechos a todos. Con respecto a la pobreza e las definiciones, Hopkins es devastador en sus afirmaciones de que "... no existen muchas elaboraciones sobre el concepto... la definición, a los ojos de algunos, deja fuera demasiados aspectos claves. Por ejemplo, la palabra sustentabilidad" no se menciona…." (Hopkins, 2006: 17).

Contrastando las prácticas negativas de las empresas durante los últimos diez años, Bakan, como resultado de ello argumenta que "la corporación es una institución patológica, peligrosa poseedora de un gran poder para ejercer sobre personas y sociedades". (Bakan, 2004: 1) La visión de Bakan que coincide con los muchos otros más, despierta demasiadas preguntas, algunas de ellas como las siguientes: ¿Cuál es la naturaleza y cuáles las implicaciones de su carácter patológico?; ¿Qué poder tiene sobre la sociedad?; ¿Qué puede hacerse para mitigar su capacidad potencial de causar daño a la sociedad? (Bakan, 2004: 2).

Por la vastedad de aplicaciones, ausencia de definiciones puntuales y parámetros cuantitativos, no existe consenso de las características de la conducta virtuosa corporativa. Vogel (2006: 4-5) argumenta que si la búsqueda de bajos costos de mano de obra y materia prima en otros países generando desempleo en el país de origen es una práctica común de buen comportamiento de las corporaciones. O si lo es el pagar los salarios bajos de mercado en lugar de salarios que permitan una vida decente del trabajador y su familia. ¿Puede ser responsable realizar desarrollos en países en vías pobres corrompiendo gobiernos?

Una crítica a las empresas es la forma en que han conducido sus prácticas de mercadotecnia que penetran cada espacio y cada momento de nuestras vidas moldeando la forma de las culturas y orientándolas hacia un consumismo desmedido. En nuestros días, las empresas gobiernan nuestras vidas. Ellas determinan lo que comemos, lo que vemos en televisión, lo que usamos, donde trabajamos, y lo que hacemos. Estamos rodeados por su cultura, iconografía e ideología de las cuales no podemos escapar. Y como la iglesia y la monarquía en otros tiempos, sus posturas son infalibles y omnipotentes, glorificándose a sí mismas en grandiosos edificios y en elaborados anuncios. Incrementalmente, las empresas dictan las decisiones sobre los que se supone deberían de vigilarlas: el gobierno y la sociedad. (Bakan, 2004: 5).

Las empresas en la actualidad gobiernan la sociedad, quizás más que los gobiernos mismos, irónicamente, es ese mismo poder que han ganado a través del procesos de globalización las que las hace vulnerables. Como ocurre con toda corporación gobernante, la corporación ahora atrae la atención de un público ansioso sobre aspectos de desconfianza, temor y demandas por rendición de cuentas. Hoy, los líderes de las grandes empresas entienden, como lo hicieron sus predecesores, que necesitan hacer muchos esfuerzos para recuperar y mantener la confianza del público (Bakan, 2004: 26). Para lograrlo. Ahora se le quiere presentar con una nueva imagen: la de la benevolencia, humanista y, finalmente, la de Empresas Socialmente Responsables.

Al inicio de los años noventa, las demostraciones masivas contra el abuso y el poder de las empresas se levantaron en ciudades de Europa y de Estados Unidos. Quienes protestaban se asumían como parte de un amplio movimiento de la "sociedad civil" que luchaba contra los daños corporativos a trabajadores, consumidores, comunidades y medio ambiente. Sus preocupaciones eran diferentes de los grupos que protestan en la era post Enron, dirigidas a la vulnerabilidad de los shareholders a las prácticas corruptas de los administradores de las empresas. Pero los dos grupos tenían algo en común: ambos creían que las empresas han llegado a convertirse en una peligrosa mezcla de poder y de falta de rendición de cuentas. (Bakan, 2004: 27).

Los líderes de los negocios dicen hoy que sus compañías se preocupan más por utilidades y pérdidas, que ellas se sienten responsables frente a la sociedad como un todo, no solamente para sus accionistas. La RSC es un nuevo credo, una corrección consiente a su visión previa inspirada en la codicia. A pesar de este cambio, la corporación misma no ha cambiado. Permanece, como fue en el tiempo de sus orígenes, una persona legalmente designada para valorar el auto interés e invalidar los asuntos morales (Bakan, 2004: 28).

El reto ahora es encontrar maneras de controlar las empresas, sujetarlas a las restricciones democráticas y proteger a los ciudadanos de sus tendencias peligrosas, aun cuando en el largo plazo luchemos por un orden económico democrático. Mejorar la legitimidad, efectividad y rendición de cuentas de la regulación gubernamental puede ser lo mejor, o al menos la estrategia más realista para lograr lo anterior (Bakan, 2004: 161). Al orientar los negocios para convertirlos en "un buen ciudadano e impulsándolo a enraizar en la comunidad, se puede ayudar a alcanzar las utilidades y el éxito a largo plazo de la compañía" (Hamel y Denhart, 2007: 1).

Ente los aspectos positivos a destacar está el hecho que las empresas multinacionales pueden mejorar radicalmente las vidas de miles de millones de personas estimulando el comercio y el desarrollo en la sima de la pirámide económica, ayudando a crear un mundo menos peligroso y más estable. Para lograr este objetivo las empresas multinacionales no requieren necesariamente impulsar indicativas de desarrollo social con propósitos caritativos. Sólo necesitan actuar en la búsqueda de su propio auto interés. (Prahalad y Hammond, 2003: 1). La corporación en sí misma no puede escapar tan fácilmente del diagnóstico de psicópata. La corporación es irresponsable porque en el intento de satisfacer sus fines corporativos pone en riesgo a todos. Las empresas tratan de manipular todo incluyendo la opinión pública y ellas son grandiosas, siempre insistiendo que son lo mejor. Las empresas carecen de empatía y las tendencias asociales también es una de sus características claves. Finalmente, las empresas se relacionan con otros de una manera superficial, su objetivo es presentarse a sí mismas de una manera deslumbrante y atractiva para el público aunque ello sea una representación de lo que no son las empresas. (Bakan, 2004: 56, 57)

REFLEXIONES FINALES.

Como lo establecen los críticos de Trump, los nuevos programas y su visión harían inviable el comercio internacional y, por ende, la globalización, cualquier visión de un futuro alternativo que podamos elaborar es terriblemente incierta, como impredecible e incierta es la conducta de Trump. La característica principal de la nueva administración es establecer un nuevo orden, donde la globalización no tiene cabida y eso es la complejidad, la incertidumbre y el caos, ello contiene múltiples posibilidades y siempre es dinámica, Trump quiere control, manejo administrativo y resultados rápidos para legitimar su presidencia.

Los ciudadanos norteamericanos y los del mundo que intentan visualizar los senderos y tendencias de la administración de Trump no ven más que nubes negras en el futuro, un cielo más sombrío que lo peor que la globalización podría traer, y no disponen de una base firme ni de un ente rector, una ideología oficial ni de un líder carismático y visionario que les muestre con certeza cuál será el camino a recorrer y menos aún cómo será ese camino. Solamente los une la creencia compartida de que existe una capacidad humana para la cooperación, la creatividad y la elección responsable, después de Trump siempre habrá un futuro mejor.

Necesitamos aprender nuevas formas de unión mundial para hacer realidad lo posible: Un mundo sin las amenazas que suponen todas las carencias de un presidente que parece no gobernar para todos los norteamericanos sino hacerlo para su ego personal.

Dani Rodrik ha afirmado que los mercados cada vez son más globales y, por ello, las reglas e instituciones que necesitan para supervisarlas también han de serlo, y eso es lo que está tratando de cambiar Trump: la arquitectura institucional de Estados Unidos que límite la apertura y la globalización. El discurso y las promesas de Trump configuran una visión muy atractiva para una parte del pueblo norteamericano, sin embargo, tiene muchos límites, de tipo práctico en primer lugar, porque es muy difícil que los gobiernos del mundo con los que se relaciona económicamente lleguen a un acuerdo y pongan en marcha una regulación global coordinada. Pero más importantes aún son las razones de peso que explican por qué ese conjunto universal de políticas y reglas no van a satisfacer las necesidades de un grupo de países que son distintos. Las políticas que necesitan India o China son muy distintas de las que necesita Europa y más distintas de las de Estados Unidos.

Los países de Occidente mantienen diferentes opiniones respecto a las medidas apropiadas para los mercados financieros, incluso entre los miembros de la Unión Europea. Y estas son diferencias reales que no van a desaparecer porque asumamos que no existen o por muchas reuniones que mantenga el G-20. Es un camino peligroso, ya que puede llevar a lograr acuerdos regidos por la ley del mínimo común denominador y estos acuerdos dan la falsa sensación de haber alcanzado un logro importante, cuando, en realidad, no son suficientemente sólidos.

Hemos de entender que esto sólo puede llevarnos a logros limitados y, por eso, hemos de crear una economía global que se asiente en sólidas regulaciones nacionales, lo que significará que con diferentes regulaciones nacionales no tendremos mercados globales necesariamente. Eso lleva a ciertas limitaciones de la globalización, sí, pero que la harán más sostenible y más saludable que la actual, basada en ese camino falso, a mi juicio, de reglas globales.

Una de las opciones es la instrumentación de regulaciones y políticas globales para las corporaciones internacionales de acuerdo a la visión de Trump. Pero ¿aceptarían las empresas norteamericanas y el mismo Trump que otros países forzaran a sus empresas a invertir sólo en sus países de origen?

Solamente habría que imaginar de Estados Unidos sin la inversión de China y Japón en su territorio. Sin embargo, el concepto y las acciones y programas que involucra no deja satisfechos a todos.

Ente los aspectos positivos a destacar está el hecho que las empresas multinacionales pueden mejorar radicalmente las vidas de miles de millones de personas estimulando el comercio y el desarrollo en la sima de la pirámide económica, ayudando a crear un mundo menos peligroso y más estable.

Es miopía y un poco de estupidez que las empresas estarían dispuestas a pagar un alto costo para cumplir con las regulaciones estrictas de Estados Unidos en detrimento de las utilidades, y, en última instancia, de su propia supervivencia. Existen frentes abiertos que pueden ser el derrumbe de Trump.

"Nunca ha habido una especie de yihad holística contra los medios como la que está ejecutando Trump", dijo el historiador de la Rice University, Douglas Brinkley. "Trump está determinado a golpear y hacer sangrar a la prensa cada vez que se encuentre en un hoyo y eso es único".

Sin embargo, el golpe más demoledor vino de dentro del propio partido republicano, el senador McCain fue claro en Europa al fustigar a Trump, "lo que hacen primero los dictadores, es demoler los medios críticos".

Entre mentiras y acusaciones a la prensa por las "fake news" Trump quiere justificarse y lo intenta hacer en una entrevista en la revista Time que lleva en la portada en título "Ha muerto la verdad?"

La revista Time de marzo cuestiona si "¿la verdad ha muerto?", luego de una entrevista en la que el presidente estadunidense Donald Trump repite y reafirma varias de las "mentiras y falsedades" que ha sostenido en los poco más de dos meses de su gobierno.

En la entrevista, que toma como base numerosas de sus acusaciones ya desacreditadas por los hechos o sobre las que no se ha encontrado ninguna evidencia, Trump basa su lógica en que otras personas han realizado antes esas declaraciones. Pero, ¿un presidente debe tomar en cuenta sin verificar, lo que dice cualquier persona y hacerlo propio?

Así, en varias ocasiones Trump evade la responsabilidad de verificar la veracidad de lo que asegura, pese a que ocupa un cargo que podría considerarse como el que ostenta mayor poder en el mundo y debería ser el hombre mejor informado del planeta. En otras instancias, pretende acomodar falsedades que ha dicho antes con eventos que sucedieron después de sus declaraciones, bajo el razonamiento de que es "una persona muy instintiva" o, tal como declaró en un punto del texto: "soy una persona que sabe cómo funciona la vida".

Asimismo, al final de una entrevista que es difícil de leer por su dislocada sintaxis, Trump parece basar sus certezas en el hecho de que triunfó en las elecciones, lo que a su juicio valida todas sus acciones. No puedo estar tan mal, porque yo soy Presidente y tú no lo eres", dijo Trump al final de la entrevista, luego que el reportero expresó que puede existir un problema con "la credibilidad" del titular de la Casa Blanca.

LA DEMOCRACIA MUERE EN LA OSCURIDAD

En tiempos de Trump todo cambia. El presidente de Estados Unidos ha roto tradiciones hasta ahora intocables. Adicto a Twitter, un día puede despertarse de mal humor y llamar incompetentes a los mandos del FBI, al otro acusar de deslealtad a sus servicios de inteligencia y poco después considerar "enemigos del pueblo", un término muy del gusto de Stalin, a los medios de comunicación que no le son propicios.

La Casa Blanca se le queda pequeña. Las reglas del juego le irritan. Y el mismo planeta no le gusta. "Las cosas están muy mal ahí fuera" es su frase favorita. Hay quien ha especulado que a la vista de tanto problema el multimillonario puede acabar deprimido. Pero su reacción ha sido muy distinta. De la mano de su estratega jefe, el tenebroso Steve Bannon, ha empezado la "deconstrucción del sistema" y ha anunciado que quiere reabrir la carrera nuclear.

Es en momentos así cuando la historia sale en busca de explicaciones. Frases, lemas, ideas que sean capaces de atrapar el espíritu del tiempo y, al menos, dominarlo sintácticamente. Muchas se han acuñado en estas últimas semanas en la capital del imperio. Pero una es la que ha arrasado. Democracy Dies in Darkness (La democracia muere en la oscuridad) reza la frase. Cuatro palabras que The Washington Post ha puesto como lema bajo su cabecera. La primera vez que lo hace en 140 años.

Los responsables del medio que destapó el caso Watergate y que ahora lidera con sus exclusivas el pulso contra Trump han insistido en que la leyenda no es una reacción cutánea a los ataques que les ha dirigido el presidente en las últimas semanas. Por el contrario, han recordado que se trata de un fruto maduro, una apuesta editorial largamente meditada y que se tomó después de rechazar 500 alternativas.

La idea surgió hace más de un año, cuando la cúpula del Post decidió apostar por un lema "disruptivo e incómodo" que les definiese ante los lectores. En la búsqueda participó activamente el millonario digital y actual dueño, Jeffrey P. Bezos.

Fue él quien propuso la frase después de habérsela oído a Bob Woodward en una conferencia sobre la opacidad en la era Nixon. No eran unas palabras nuevas. El maestro de periodistas la lleva utilizando décadas, desde que la leyó, en una versión prácticamente idéntica, en un fallo del legendario juez de circuito Damon J. Keith, el mismo que ordenó hacer públicas las grabaciones que acabaron con Nixon.

Esa es la arqueología de la frase. Y quizá encierre su sentido más profundo. Pero pocos le han prestado atención. Desde su publicación, el lema ha cobrado vida por sí mismo. Viral y polémico, más que muchas noticias, ha sido visto como un signo de los tiempos. Un resumen de la amenaza que se cierne sobre Estados Unidos. Cuatro palabras grabadas en lo más alto del mástil y dispuestas a entrar en combate.

¿Cuáles son las supuestas mentiras que los medios difunden?

Los medios hablan de un huracán político que se cierne sobre Trump, lo califican de tener un régimen inestable y hasta se habla de un impeachment tipo Watergate, estas son algunas de las caracterizaciones de la creciente crisis política detonada por la expulsión del asesor de Seguridad Nacional de la Casa Blanca, nutrida cada vez más con revelaciones sobre las relaciones extensas entre Donald Trump y su círculo íntimo con el gobierno ruso y la guerra abierta del presidente contra sus propias agencias de inteligencia de Estados Unidos.

La Agencia de Seguridad Nacional (NSA) fue la que grabó, según el Times, las llamadas entre socios de Trump y los rusos como parte de su "vigilancia extranjera rutinaria" y el FBI está revisando éstas y otras comunicaciones internacionales entre la gente de Trump y los rusos como parte de una investigación.

Aún queda la esperanza que las tareas más nobles de los políticos democráticos del mundo en estos tiempos por venir del presente milenio, se encaminen al fortalecimiento del Estado y reinstaurar la primacía de la política sobre la economía. Si lo anterior se olvida y no podemos concretarlo, la deshumanización a través del comercio y la técnica nos llevara al cortocircuito global. Lo único que quedará será el recuerdo de los años dorados, los últimos del segundo milenio, cuando en el mundo aún había orden y quedaba la esperanza de poder cambiar el mundo.

Ahora la amenaza para la globalización es el nacionalismo de Trump. El que alude al soldado, el obrero, la patria para incitar a las masas a apoyar sus propuestas. Donald Trump enarbola su bandera más nacionalista. El presidente consumó el repliegue de Estados Unidos a sus propios intereses. Es el Trump más proteccionista. Un líder furioso que ha puesto en lo más alto de su programa la expulsión de inmigrantes, el control de las fronteras y ahora también uno de los "mayores esfuerzos militares de su historia". "Nadie nos volverá a desafiar. Nadie. No soy el presidente del orbe, sino de Estados Unidos", dice con furia y desafiante.

Trump no decepcionó a su audiencia. Pero tampoco se salió del guion. Inmigración, seguridad, Obamacare, desregulación financiera, satanización de los medios... Los tópicos que suele llevar en la cartuchera emergieron al completo. Pero esta vez los unió a todos bajo la bandera del patriotismo. "El futuro es nuestro. Estados Unidos será mayor, más grande y fuerte que nunca", prometió a sus seguidores.

Bajo este fervor nacionalista, Trump apeló a una fórmula que raras veces falla en los mítines: el Ejército. Símbolo de la unidad nacional, el presidente prometió un aumento masivo del presupuesto para lograr una defensa "mayor, mejor y más poderosa que nunca antes" "Y esperemos que nunca tengamos que usarla, pero nadie nos va a desafiar. Nadie. Será uno de los mayores esfuerzos de la historia".

Recuperado el orgullo militar, aunque sin ofrecer mayores datos, puso el tiro en una de las dianas favoritas: la inmigración. Y ahí no tuvo piedad. Sin importarle la negociación que tiene abierta con Enrique Peña Nieto, pulverizó todas las formas diplomáticas y volvió a blandir la construcción del muro con México como un factor de prosperidad y prometió acelerar su construcción. "Somos un país que pierde trabajo en su territorio y lo entrega fuera. Somos un país que defiende las fronteras de otros países pero no las suyas. Tenemos a los malos dentro y los vamos a echar", detalló.

Pero la ofensiva no se limita a la inmigración. Para "mantener América segura" hay que tener los ojos bien abiertos. El planeta, según Trump, es un lugar inhóspito. El peligro islamista acecha ahí fuera. Por su culpa, Suecia Alemania, Francia –París ya no es París"– viven días difíciles. "Miren lo que ocurre en el mundo. Nos puede pasar a nosotros. Tenemos que ser inteligentes para evitarlo. Vamos a mantener fuera de nuestro país a los terroristas islámicos", afirmó. Trump lo explicó con un ejemplo espinoso: Oriente Próximo: "Allí nos gastamos seis billones de dólares. Y estamos peor que antes. Con ese dinero podríamos reconstruir tres veces nuestro país", dijo.

En esta representación del mundo, la globalización no sólo ha dañado la economía doméstica sino que ha llevado a Estados Unidos a desperdiciar su energía lejos de donde es más necesaria. Parecería repetir los argumentos Branko Milanovic y Thomas Piketty sobre desigualdad y globalización, donde unos son más ricos y los pobres se vuelven más pobres. Sin embargo, sus programas principales se orientan a beneficiar a los ricos.

Consciente del origen de sus votos, prometió la reconducción de esos "despilfarros" hacia la América profunda. Esas zonas industriales en decadencia, de mayoría blanca, donde Trump arrasa. "Les dije a Ford, Chrysler, Fiat, a la gran industria, que volviesen a invertir aquí y ahora lo están haciendo".

Las apelaciones a la clase trabajadora fueron constantes. Conservador y multimillonario, Trump se ha especializado en construir discursos que recogen el malestar de esta franja poblacional. Incluso a sus colegas de formación les invitó a sumarse a esta ola: "El Partido Republicano también es el partido del trabajador americano".

En la Conferencia de la Acción Política Conservadora pudo ver cómo le jaleaban a rabiar. No era solo el presidente. Era su presidente. Y a ellos dirigió su visión de futuro.

Así, a velocidades casi inaprensibles, avanza la globalización…. Esa "unión de charcos, estanques, lagos y mares de las economías locales, provinciales, regionales y nacionales en un único océano económico global que expone a los ámbitos pequeños a las olas gigantescas de competencia económica en vez de, como antes, a pequeñas olitas y tranquilas mareas".

La visión de los globalistas es un mundo entero es un solo mercado, en apariencia próspero y con un comercio justo entre naciones. ¿No se cumple así un sueño de la Humanidad? ¿No debemos alegrarnos por el ascenso de tantos países en desarrollo? ¿No está la paz global al alcance de la mano?

NO.

La visión de Marshall McLuhan de la Aldea Global, del mundo como una aldea homogénea, no se ha hecho en manera alguna realidad. Existe una proximidad mediática y de simultaneidad, pero siguen sin producirse vinculaciones culturales, y mucho menos igualdad económica ya que la globalización no redistribuye los beneficios de las grandes corporaciones y la brecha entre países ricos y pobres se amplía en lugar de disminuir.

Arrogantes máquinas urbanas altamente tecnificadas dominan entretanto el globo terráqueo, aunque cada vez más como islas. El archipiélago de la riqueza consta de florecientes enclaves, pero son únicamente ciudadelas de la economía global. La mayor parte del mundo sigue siendo un planeta de miseria, rico tan solo en megaciudades con megasuburbios, en los que miles de millones de personas se abren paso trabajosamente día con día, año tras año, y siempre con la misma embarazosa indiferencia por parte nuestra.

Trescientos sesenta y dos multimillonarios son en conjunto tan ricos como dos mil quinientos millones de personas de los casi seis mil ochocientos millones que pueblan el mundo. Eso es más del cuarenta por ciento.

El FMI en su documento Os01 afirma que el hecho de que la brecha de ingresos entre los países de alto ingreso y los de bajo ingreso se ha ampliado es motivo de inquietud. Y el número de personas que, en el mundo entero, viven en la miseria extrema es profundamente preocupante. Sin embargo, para el FMI es erróneo concluir sin más que la globalización ha sido la causa de esta divergencia, o que nada se puede hacer para mejorar la situación. Por el contrario: los países de bajo ingreso no han podido integrarse a la economía mundial con la misma rapidez que los demás en parte debido a las políticas que han decidido aplicar y en parte debido a factores que escapan a su control. Ningún país, y menos aún los más pobres, pueden permitirse quedar aislados de la economía mundial. Todos los países deberían tener como objetivo reducir la pobreza. La comunidad internacional debería esforzarse --fortaleciendo el sistema financiero internacional a través del comercio exterior y de la asistencia-- por ayudar a los países más pobres a integrarse a la economía mundial, a acelerar su crecimiento económico y a reducir la pobreza. Y concluye que esta es la mejor forma de garantizar que todas las personas de todos los países se beneficien de la globalización.

Al final, quedará siempre la pregunta de si la globalización, como dice John Gray, es un falso amanecer y son los espejismos que promete los que han deslumbrado a mucha gente, o si la globalización en el mediano plazo puede mejorar los niveles de bienestar de los ciudadanos del mundo al llevarles los empleos que de otra manera no tendrían.

O como lo específica, Dani Rodrik respecto al futuro de la globalización, en esta fase en que la economía mundial atraviesa momentos muy duros y…la Historia nos previene contra la complacencia. Hemos visto surgir y caer la globalización con anterioridad y por ello debemos entender que para que exista una economía global saludable hay que cuidarla; no mantendrá la salud por sí misma…. Por ello, creo que debemos luchar por un mejor equilibrio entre la visión desde una perspectiva de los mercados globales y la que tienen los gobiernos en su empeño para lograr el crecimiento económico y la armonía de las sociedades nacionales. Creo que en las últimas dos o tres décadas hemos ido demasiado lejos y hemos estrechado el espacio de maniobra de los gobiernos para lograr esos objetivos. Si reconsideramos esto, la economía global se recuperará; si no, seguiremos con problemas en el horizonte".

Trump —el magnate inmobiliario que se jactaba de no ser político, que prometió trasladar a la presidencia sus supuestos dotes negociadores y acabar con los "políticos que son todo hablar, pero nada de acción"— chocó con la misma realidad que sus predecesores: hacer política en Washington es un juego de desgaste, concesiones y paciencia en la que se imponen los intereses propios y la presión constante de la reelección. Y donde las fidelidades son escasas: puedes ser derrotado por tu propio partido, como el ala republicana más radical en el caso de Trump.

"Hemos aprendido todos mucho, hemos aprendido mucho de lealtad", dijo Trump tras admitir que la propuesta de reforma carecía de apoyos suficientes en la Cámara de Representantes. "Hemos aprendido mucho del proceso de voto, de algunas reglas arcanas en la Cámara y el Senado".

George C. Edwards, profesor de Ciencias Políticas en la Universidad Texas A&M y experto en estudios presidenciales, lo llama la "arrogancia de la ignorancia".

De si la globalización tiene un futuro posible, sólo la historia tendrá la respuesta.

BIBLIOGRAFÍA

1. Althusser, Louis. Ideología y los aparatos ideológicos del estado. México: 1970
2. Amin, A. y Thrift, N. Globalization, Institutions and Regional Development in Europe. Oxford University Press, 1994.
3. Bailey, D., Harte, G., y Sugden,R. Making transnational Accountable. London, Routledge, 1994.
4. Bakunin, Mijail. Escritos de filosofía política, I.G.P.Maximoff, comp. Alianza Editorial. 1978.
5. Barnet, Richard. J. Global Dreams: Imperial Corporations and the New World Order. Touchstone, 1995.
6. Bhagwati, Jagdish. In Defense of Globalization. Oxford University Press, 2004.
7. Benjamin, Roger y S.L. Elkin. The Democratic State. University of Kansas. 1985
8. Berlin, Isaiah. Cuatro ensayos sobre la libertad, Madrid. Alianza Universidad, 1988.
9. Bigellow, Bill. Rethinking Globalization: Teaching for Justice in an Unjust World. Rethinking School Publishing, 2004.
10. Barón, Enrique. Europa en el alba del milenio. Acento editorial. Madrid, 1999.
11. Boyer, R. y Drache, D. (editores). States Against Markets: The Limits of Globalization. Routledge Press, 1996.
12. Benetti, Carlo. La Acumulación en los Países Capitalistas Subdesarrollados. FCE/ Economía Contemporánea, México, 1987.
13. Camilleri, J.A., y Falk, J. The End of Sovereignty. Aldershot: Edward Elgar. London, 1992.
14. Castells, M. (2000): *La era de la información. La sociedad red*. Segunda edición. Madrid: Alianza Editorial.
15. Castells, Manuel. 1998. La era de la información. Economía, sociedad y cultura. Vol. 3. Finde Milenio. Madrid. España Alianza Editorial.
16. Cannon, Tom. Welcome to the Revolution. Pitman Publishing, London, 1996.
17. CEPAL Transformación Productiva con Equidad: Un Enfoque Integrado. Chile. 1992.
18. Chatelet, Francois y E. Pisier-Kouchner. Las concepciones políticas del siglo XX. Espasa Universidad, España 1996.
19. Collins, Susan M. (Editor). Brookings Trade Forum, 2004: Globalization, Poverty, and Inequality. Brookings Institution Press.

2005.
20. Debreu, Gerard. Theory of Value: An Axiomatic Analysis of Economic Equilibrium. Yale University Press, 1972.
21. Dervis, Kemal y Ceren Ozer. A Better Globalization: Legitimacy, Governance, and Reform. Center for Global Development, 2005.
22. Dicken, Peter. Global Shift. Guilford. 2003.
23. Dobb, Maurice, Teorías del Valor y de la Distribución desde Adam Smith, Ideología y Teoría Económica. Siglo XXI, 1982.
24. Featherston, M. (ed.) (1990): *Global culture: nationalism, globalization and modernity*. London: Sage.
25. Friedman, Millton y Rose Friedman. Libertad de elegir. Grijalbo 1980.
26. Friedman, Thomas L. Tradición versus innovación. Atlántida, 1999.
27. Friedman, Thomas L. The World Is Flat: A Brief History of the Twenty-first Century. Farrar, Straus and Giroux, 2003.
28. Fukuyama, Francis. La gran ruptura. Atlántida, 1999.
29. Gereffi, Gary (Editor). Commodity Chains and Global Capitalism. Praeger, 2003.
30. Giddens, A. (1999): *Consecuencias de la modernidad. Madrid: Alianza Editorial (versión de Ana Lizón Ramón)*.
31. -, (2001): "Introduction". En Giddens, A. (ed.). *The Global Third Way Debate*. Cambridge: Polity Press.
32. Giménez, Gilberto. "Globalización y cultura". *Estudios Sociológicos del Colegio de México*, vol. XX, No. 58, enero-abril, 2002, pp. 18-19.
33. Greenspan, Alan. La era de las turbulencias. Ediciones B, 2008.
34. Gwynne, Robert (Editor). Latin America Transformed: Globalization and Modernity. Arnold Publishers, 2004.
35. Habbermas, J. et all. La posmodernidad. Kairós. 2002.
36. Hamel, Gary. Leading the Revolution. Harvard Business School Press, 2000.
37. Heal, G.M. Planning, Prices and Increasing Returns. Review of Economic Studies 38; 281-94, 1971.
38. Held, David. Political Theory and the Modern State. Stanford University Press, 1999
39. Held, D. y McGrew; A. (2000): *The Global Transformation Reader*. Cambridge: Polity Press.
40. Held, David y Anthony McGrew. Globalization / Anti-Globalization. Polity Press, 2002.
41. Henderson, Jeffrey. The Globalizations of High Technology Production. Routledge, London. 1999.
42. Hinsley, F. H. Power and the Pursuit of Peace: Theory and Practice in the History of Relations Between States. Cambridge University Press, 1986.
43. Hirst, P. Globalization in Question: The International Economy and the Possibilities of Governance. Polity Press, 1999.

44. Hitt, Michael A. et al. Strategic Management: Competitiveness and Globalization, Concepts. South-Western College Publishing, 2004.
45. Hoffman, K. y R. Kaplinsky. Driving Force: the global restructuring of technology, labor and investment in the automobile and components industries. Westview Press, Boulder, Co., 1988.
46. Hobsbawm, Eric. Age of Extremes: The short Twentieth Century. Vintage, 1996.
47. Huerta, Arturo. Riesgos del Modelo Neoliberal Mexicano. Ed. Diana. México. 1992.
48. Huntington, Samuel P. El orden político en las sociedades en cambio. Editorial Paidós. Barcelona, 1996.
49. Huntington, Samuel P. The Third Wave. University of Oklahoma Press. 1991.
50. Julius, A. Global Companies and Public Policy. RIIA, London, 1990.
51. Julius, A. Imagining the World Economy. RINTER, IDC, Washington, 1994.
52. Kapstein, Ethan. Governing the Global Economy: International Finance and the State. Harvard University Press, 1996.
53. Kitson, Michael y Mitchie Jonathan. Political Economy of Competitiveness: Essays on Employment, Public Policy and Corporate Performance. Routledge, 2005.
54. Krugman, P. Development, Geography and Economic Theory. MIT Press, 1995.
55. Krugman, P. Pop Internationalism. MIT Press, 1996.
56. Krugman, P. y Krugman Paul R. The Great Unraveling: Losing Our Way in the New Century. W. W. Norton & Company, 2004.
57. Laswell D. Harold. La orientación hacia las políticas en Antología de Políticas Públicas. Coordinador Luis F. Aguilar. Ed. Miguel Porrúa Editores de México.
58. Lele, Uma. Addressing the Challenges of Globalization: An Independent Evaluation of the World Bank"s Approach to Global Programs. World Bank Publications. 2005.
59. Lichtensztejn, Samuel y Baer, Mónica. Políticas Globales en el Sistema económico de libre mercado: El Banco Mundial. Ed. CIDE. México. 1986.
60. Malmberg, A. y Maskell, P. European Planning Studies. Vol. 5, 1997.
61. Martin, H.P. y H. Schuman. La trampa de la globalización. Taurus. 2000.
62. Martin, R. Money, Power and Space. Blackwell, 1994.
63. Ramonet, Ignacio (1998) "Introducción" en le Monde Diplomatique, Edición Española . "El pensamiento único Pensamiento crítico vs. pensamiento único". Madrid: Editorial Debate.

64. Sassen, S. (1996): *Losing control? Sovereignty in an Age of Globalization* New York: Columbia University Press.
65. -, (1998): *In Globalization and Its Discontests. Essays on the new mobility of people and money*. New York: The New Press
66. -, (2000): *Cities in a World Economy*, 2.ª ed. Thousand Oaks: Pine Forges Press.
67. Schumpeter, J.A. Capitalism, socialism and democracy. Harper & Bros. 1947.
68. Storper, M. The Regional world, Territorial Development in a Global Economy. Guilford Press, 1997.
69. Modis, Theodore. Conquering Uncertainty. McGraw Hill, 1998.
70. Naisbitt, John. Megatrends 2000. Avon books, 1996.
71. Mathews, Jessica, "Power Shift", *Foreign Affairs*, vol. 76, núm. 1, 1997.
72. McGrew, Anthony and Paul Lewis. Globalization and the Nations Sates. Cambridge, Polity Press, 1992.
73. Mohrman, Susan A. And Associates. Tomorrow"s Organization. Josey-Blass Publishers, 1998.
74. North, Douglass. Institutions, Institutional Change and Economic Performance. Cambridge University Press, New York, 1990.
75. Ohmae, K. Triad Power: the coming shape of global competition. Free Press, New York, 1985.
76. Ohmae, K. The borderless World. Collins. London, 1990.
77. Ohmae, K. The rise of the region state. Foreign affairs. Spring, pp. 119-25, 1995.
78. Ohmae, K. El fin del estado-nación. Edit. Andrés Bello. Chile, 1997.
79. Ohmae, K. The Borderless World, rev ed: Power and Strategy in the Interlinked Economy. Harper Business, 1999.
80. Ostry, Sylvia. Governments & Corporations in a Shrinking World: Trade and Innovation Policies in the Unites States, Europe and Japan. Council on Foreign Relations Press, New York, 1990.
81. Patching, Alan and Dennis Waitley. The Future Proof Corporation. KHL Printing. Singapore, 1998.
82. Posner, Richard A. The Economics of Justice. Harvard University Press. 1983.
83. Robertson, R. Religion and Global Order. Paragon House, 1991.
84. Rowntree, Lester et all. Diversity amid Globalization: World Regions, Environment, Development. Prentice Hall, 2005.
85. Rowntree, Lester et all. Globalization and Diversity: Geography of a Changing World. Prentice Hall, 2004.
86. Rubli K., Federico y Benito Solís M. (Comps.) México Hacia la Globalización. Diana. México, 1992.
87. Schaeffer, Robert K. Understanding Globalization: The Social Consequences of Political, Economic, and Environmental Change. Rowman & Littlefield Publishers, Inc., 2002.

88. Slaughter, Anne-Marie, "The Real New World Order", *Foreign Affairs*, vol. 76, núm. 5.
89. Stiglitz, Joseph E. Globalization and Its Discontents. Norton, 2003.
90. Storper, Michael. The Regional World: Territorial Development in a Global Economy. The Guilford Press, 1997.
91. Stubbs, Richard y Underhill, Geoffrey. Political Economy and the Changing Global Order. Oxford University Press, 1999.
92. Ulrich, Beck, *¿Qué es la globalización? Falacias del globalismo, respuestas a la globalización*. Paidós, Barcelona, 1998
93. Wallerstein, I. M. *El moderno sistema mundial (1984)* (5ª edición). México (Distrito Federal): Siglo XXI
94. -, (1992): *Geopolitics and geoculture: Essays on the changing world system*. Cambridge: Cambridge University Press
95. Weinstein, Michael M. Globalization: What"s New? Columbia University Press, 2005.
96. Wallerstein, I. "A cultura como campo ideológico do sistema mundial moderno", en M. Featherstone, *Cultura global*, Petrópolis, 1994,.
97. Wolf, Martin. Why Globalization Works. Yale University Press, 2004

www.ingramcontent.com/pod-product-compliance
Lightning Source LLC
Chambersburg PA
CBHW030741180526
45163CB00003B/880